中国经济文库
应用经济学精品系列

中国经济文库·应用经济学精品系列（二）

刘　芳◎著

企业规模决策及其有效路径研究

Qiye Guimo Juece Jiqi Youxiao Lujing Yanjiu

中国经济出版社
CHINA ECONOMIC PUBLISHING HOUSE
北京

图书在版编目（CIP）数据

企业规模决策及其有效路径研究/刘芳著.
—北京：中国经济出版社，2018.6
ISBN 978-7-5136-5237-7

Ⅰ.①企… Ⅱ.①刘… Ⅲ.①企业规模—经济规模—研究 Ⅳ.①F271

中国版本图书馆CIP数据核字（2018）第123871号

责任编辑 海 毅 高晓晔
责任印制 巢新强
封面设计 华子图文

出版发行 中国经济出版社
印 刷 者 北京建宏印刷有限公司
经 销 者 各地新华书店
开 本 710mm×1000mm 1/16
印 张 11.25
字 数 190千字
版 次 2018年6月第1版
印 次 2018年6月第1次
定 价 58.00元
广告经营许可证 京西工商广字第8179号

中国经济出版社 **网址** www.economyph.com **社址** 北京市西城区百万庄北街3号 **邮编** 100037
本版图书如存在印装质量问题，请与本社发行中心联系调换（联系电话：010-68330607）

摘 要

规模大小的问题一直是学术界和政府部门关注的热点问题之一，企业家关注企业规模已有很长时间了，比如“做大与做强”的问题。企业的规模经济不仅是经济学的重要理论之一，而且也是管理学研究的范畴。规模经济反映了企业的综合实力。从微观层面，企业规模对企业生存和发展是至关重要的。规模企业有利于提高企业的市场份额，具有增强企业对市场的支配能力，增强企业竞争能力的作用。从中观层面，产业中有规模企业的存在，能够增强企业整合市场的能力。从宏观层面，规模企业有利于增强企业、行业的市场竞争能力，从而提高国家的国际竞争能力。基于此，本书对企业的规模从理论和实证、定量和定性两个辩证角度进行分析，从而揭示规模问题的实质，为企业提供了有意义的建议，为目前提倡的深化企业改革提供独到的见解。

在理论上，文章整体思路是按照“提出问题，分析问题，解决问题”的大框架系统构成。本文对企业的规模经济理论的形成原因以及相关理论进行了深入的分析探讨，并研究了规模决策理论的影响机理分析。规模决策本质体现了“质”与“量”是辩证统一的思想。企业追求规模经济，但同时也会出现规模不经济，规模经济并不等同于规模报酬，也不等同于经济规模，它们有着本质的区别。规模经济和范围经济都是降低成本的手段。企业规模存在着积极影响因素，同时，企业也存在限制企业规模的因素，如同一枚硬币的正反两个方面。现实中，规模的表现形式是动态的适度规模，不能无限扩张，产生了有限理性假说。规模偏好理论的提出，不仅使企业的规模作为实体形态有了认识，而且从意识形态认识企业的规模，人们的潜意识里有规模的偏好。企业的规模不是无止境的，而是有限的，规模边界和能力边界的动态演进决定了企业的边界。并购、资本运营、资本积聚和资本集中是目前较好的形成规模经济的主要路径。

在实证上，本文从投入和产出两个维度选取样本数据，构建了企业规模偏好水平的综合评价模型，采用主成分分析法选用2009—2012年的上市公司数据，对企业规模偏好进行综合评价，并通过实证研究检验了企业属性特征对规模偏好的影响。本书构建了企业规模经济实现路径的模型，选取2009—2012年的上市公司数据作为研究样本，并用多元回归进行计量分析验证，并构建了企业经济效益对企业规模影响的模型，进行回归验证，结论如下所述：企业的并购活动和资本运营与规模都存在着显著的正相关关系，表明通过并购和资本运营的途径，可以有助于企业的规模经济，并购和资本运营都是一种很好的途径选择；不仅企业的规模对经济效益有影响，企业的经济效益对企业的规模也存在影响。

关键词：企业规模；规模经济；有效路径

Abstract

Not only scale economy of enterprise is important in economic theory, but also scale economy of enterprise is also very important in management theory. For a long time, the entrepreneur has paid close attention to scale economy, such as bigger and stronger. It is a comprehensive economic strength. On micro level, scale economy impacts very on existence and development of firms. It can increase in market share, enhance control ability in market and boost up competitive power. On meso level, competitive can heighten ability of resource integration in market. On macro level, it can enhance competitiveness from firm, industry , country to internation. On the basic of it, this paper analyses in theory and demonstration view , in quantify and nature view. The paper reveals essence of scale economy, provides advice on deepening firms' reform.

On the theory, this paper spread through system framework of introducing question, analysing question and solving problem. This paper analyses deeply cause and correlation of scale economy. The paper researches mechanization of scale economy. On essence, scale economy expresses dialectical unity relationship in quantity and quality. In fact, enterprises suit scale economy , but scale diseconomy will also emerge . Scale economy isn' t the equivalent of return to scale . Scale economy isn' t same as scale. In nature, they have distinguish from each other. Both scale economy and scope economy can cut the cost. There are many positive effects on scale of firms in the surrounding. At the same time, there are many negative effects. Such as a coin has two opposite sides. In fact, there exists dynamic and moderate scale. Because enterprises can' t infinite expand, limited rational hypothesis can engender. Not only people are familiar with scale on physical form, but also on ideology form. In subconsciousness, people have preference on scale. Therefore, theory on scale preference can emerge. Scale of firms haven' t unlimit. The boundary of firms depends on border of scale and border of ability. The two borders are dynamic evolution and have effect on boundary of firms. At present, M&A and capital operation are two good routes which form scale.

The paper chooses number according to input angel and output angel and structures model on preference of scale. This paper chooses 2009 – 2012 data by principal component analysis and evaluates overall. This paper tests that features of firm have effect on scale preference. The paper structures model on scale routes. I choose 2009 – 2012 data as samples and test through multiple regression method. I structure model on economic benefits with scale and test by multiple regression method. I conclude from: M&A and capital operation on scale have notable positive correlation. It make clear that M&A and capital operation are very effective route which shape scale. Not only scale of firms has effect on economic benefits, but also economic benefits have effect on scale of firms.

Key Words: scale of enterprise, scale economy , effective route

目　录

图表目录

第一章　绪论

1.1　研究背景与意义

2013年11月18日，中国共产党第十八届中央委员会第三次全体会议一致通过了《中共中央关于全面深化改革若干重大问题的决定》，其中关于社会经济的要求是，社会经济的发展需要充分利用资源，尤其是稀缺资源的合理配置，根据经济上的投入产出原理，用尽可能少的资源获取尽可能多的产品和收益。通过多年来的理论和实践，说明市场是进行资源配置的最有效率的方式，利用市场来进行资源配置也是经济规律的表达方式，市场经济在本质上就是利用市场来决定资源配置的经济。① 其中，“投入少、效益大”是对企业规模决策的核心涵义的最好诠释。企业的规模决策问题，不仅是经济学研究的范畴，也是管理学研究的范畴。

目前，全球经济已出现一体化的发展趋势，这使得贸易在国际范围内得到扩大，也使得各个国家间资本、人力资源、技术、产品的流动速度在加快，我国的企业必将直接面对国外竞争对手的威胁。带着雄厚的资金、先进的技术、先进的管理和优势品牌，国外企业进入中国市场后，将使国内产业结构调整和升级，促使我国企业加快技术进步和产品更新换代，提高企业在市场上的竞争力。在20世纪末，我国企业的产业结构和产品结构的不合理性日益明显，大部分企业的生产能力严重过剩，新产品研发创新能力严重不足，产业升级和产品升级更新换代滞后，多数产品表现出缺乏

---

① 习近平：关于《中共中央关于全面深化改革若干重大问题的决定》的说明

市场竞争能力的迹象，企业发展受到重创。为此，我们国家正在进行“以发展为主题”的经济结构的调整，在面临一系列的重组和变革后，规模化、专业协作化必将是企业发展的主要方向。在国际和国内的发展趋势下，企业必须创造竞争优势，来提高在国际市场上的竞争地位，这也是国内企业（尤其是国有企业）普遍都面临的问题。

20 世纪，企业界掀起了五次并购浪潮，企业集团、大型公司不断涌现，企业规模不断扩大；另一方面，随着新经济的到来，网络经济发展迅速，电子商务、虚拟企业、半一体化企业的出现又使得企业规模呈现出变小的趋势。经济全球化的过程中，由于规模化扩张企业出现了巨型化和无界的典型特征，大规模的跨国公司已经变成全球经济的主流。现在，我国的企业一直处于“大而全、小而全”的状态，没有形成以大型公司为主导的大小公司共同存在的局面。要提高企业的竞争能力，企业就必须进行规模化扩张。在传统的意识中，规模经济理论似乎表明企业的规模越大，越是有利于实现规模经济，但是在现实中，不仅大型企业有很强的规模经济特征，小型企业也表现出很强的规模经济性。传统理论是无法解释这种现象的。传统理论一直探讨的是企业内在规模经济的形成机制，却无法对外在规模经济做出满意的解释。在科斯的交易理论中，企业被认为是有边界的，但在 20 世纪 80 年代以后，新型经济组织如战略联盟、虚拟企业等表现出了无边界的特征，证明传统理论是有局限性的，同时也迫使我们需要进一步研究和探讨这个问题。

我国产品市场中，产业集中度水平较低、产业分散化，一些产业没有达到规模经济，一些集中度过低的行业中企业数量多、规模小，产品同质化程度高，容易引发恶性价格战，这主要是由于进入的低壁垒和退出的高壁垒造成的（于立，吴绪亮，2007）[①]。同时，地方保护主义形成了行政性垄断，规模经济和范围经济等自然技术形成了自然垄断，都造成部分行业

① 于立，吴绪亮。关于“过度竞争”的误区与解疑——兼论中国反垄断立法的渐进式思路［J］. 中国工业经济，2007（1）：5－13.

竞争不足。在内部规模经济的条件下，企业的规模化扩张可以分为两种情况：一种是静态的角度，企业规模需要受到技术条件、市场状况等因素约束，不能是无限地扩张；另一种是动态的角度，由于全球化进程的加快、信息技术的普及等原因，造成企业的内部组织成本和外部交易费用都在降低，使企业在更加广阔的空间和市场上扩张，而企业的边界看起来几乎是无限的。这种外部规模经济，不但使中小企业受到益处，而且使大企业和上市公司等也享受到益处，但是企业的规模化扩张却和企业的外部经济性是没有必然联系的。聚集规模经济也表现出相同特点，不同行业的企业在地理上的集中，同行业的企业在地理上的集中，都同样会产生正的外部效应。正是网络技术的使用，迫使企业突破了在地理上和空间上的限制，使企业的规模化扩张表现得真正的没有边界。企业追求利润的原因和结果都是为了进行规模经济扩张，但是企业必须慎对“规模经济陷阱”。

国内学者对规模问题的研究，主要是在现有的西方规模理论基础上进行了实证研究。企业在一边追求规模扩张，一边流行“小的是美好的”① 观点，在经济学和企业管理的文献中也常常可以看到。后一类观点产生的原因是：如果厂商企图扩大规模来增设分厂，就很可能增加新的管理层级，而层级的增加会导致管理成本的增大；在员工激励方面，大企业存在难题，因为在大企业中每个环节每个岗位上，员工的工作绩效很难与企业的经营绩效挂钩；最后，由于大企业机构庞大臃肿，管理层级较多，决策和控制信息常常失真，企业组织官僚化，大企业一般患有“大公司病”。对于企业规模大的好还是小的好产生争论外，还有另一种“企业规模无关论”② 的观点。在《厂商规模无关论》中，张永生用企业员工数量来度量企业规模，并通过大量的统计资料，试图说明厂商规模大小是一个无关紧要的问题，而最重要的是生产分工的水平（张永生，2003）。而在张五常看来，企业、企业的规模都是比较模糊的概念，企业是什么形式并不重

① 出自英国舒马赫的著作，《小的是美好的》，译林出版社，2007

② 张永生．厂商规模无关论－－理论与经验证据［M］．北京：中国人民大学出版社，2003

要，重要的是如何安排交易合约（张五常，2001）。而新兴古典经济学的代表杨小凯等认为，规模经济是一个不合适的概念，对规模经济的解释容易转化成对分工的解释，产生规模报酬递增的根本原因是分工而不是由于规模，规模经济本身就容易引起错觉的命题（杨小凯，1998）。

有关规模大小决策的问题一直是学术界和政府部门关注的热点问题之一，从上面的论述可以看出规模是困扰企业和理论界的重大问题之一，并一直讨论规模有没有边界问题。经济学关注企业规模大小已有很长的时间了，经济学意义的企业规模应该从两个相互正交的维度上——企业的横向规模和纵向规模来度量。随着社会分工逐步深化，企业一般主要通过追求规模经济与范围经济两条途径来降低经营成本，从而使企业达到一定规模并逐步壮大，提高企业竞争力并实现企业可持续发展。规模经济和范围经济问题在整个经济学发展历程中都处于非常核心的地位，关于企业规模经济和范围经济的研究，可以在理论上深化人们对很多行业基本属性的认识，在实践上同时为企业领导者提供针对性的建议。规模经济理论是企业的规模决策理论的基础和指导，而企业的规模化扩张的实践使规模经济理论得到了进一步的发展。当经济的主体——企业在进行扩大规模时，产品产量增加的比例超过投入要素的增加比例，这时就会出现规模收益递增，我们习惯称之为规模经济。在社会经济生产中，企业的领导者都是偏好规模经济形式，另一方面在躲避规模不经济的后果。一般而言，对于规模决策问题的研究，为了获得最优经济效益，首先要确定合理的规模范围区间，影响和限制规模的因素，在有差异的经济规模之间的关系如何，积极寻找企业规模结构的未来发展方向，积极探索能够形成最优规模化经营的路径和策略，这些对我国社会经济的长远发展有深刻的影响。

在我国经济发展的过程中，企业被认为是经济活动的主体，起着越来越重要的作用。各个国家经济实力的竞争，表现为企业的竞争。我国企业规模与世界企业规模相比，大企业规模显得不够大，集中度较低，缺乏大企业应具有的规模经济；而小企业水平较低，缺乏“专而精”特色。企业“大而全”、“小而全”的现象随处可见，能够与国外相抗衡的企业很少，大部分企业缺乏竞争力，不具有自己的品牌，众多事实表明我国的企业规模还存在着很多不尽如人意的地方。主张科学发展观的今天，研究企业规模决策问题意义非常重大。企业在成长过程中，企业规模是必须经历和解决的难题，能否找到适度规模决定着企业能否更好和更快地发展。关于企业规模问题也难以形成统一意见。对于市场竞争中的企业来说，需要确定最低限度的规模，小于该规模限度，企业就难以生存；大于该规模限度，即使企业经营管理再好，也很难更好地发展。因此，企业是否存在适度规模？企业规模与规模经济有没有关系？影响和限制企业规模的因素有哪些？如何理解企业规模边界？形成企业规模经济的路径是什么？这些问题正是本文试图要解决的问题。

1.2 相关概念的界定与研究方法

1.2.1 相关概念的界定

1.2.1.1 企业规模[①]（Enterprise Scale）

企业规模是指利用生产者、生产手段、生产对象等生产要素和产品能够在企业里集中的程度（马洪，1986；宗明华，1987；聂根红、石卫红，1991）[②]。企业按照劳动的技术特点、自然资源环境、劳动组织的社会化程度、社会需求等限制条件和这些技术经济联系特点，来探讨在劳动过程中多种要素的配比联结，企业借此利用最小的成本获得最大的收益。对于企业规模的第二种描述是，企业规模是指企业从事经济活动的空间广度[③]。由于企业具有社会经济活动的直接成果——产品的价值和使用价值的二重性，企业的经济活动包括两个组成部分，一部分是追求使用价值的生产活动，另一部分是追求价值的经营活动；同理可得，企业规模可分为生产规模和经营规模，企业规模表现为这两方面的有机统一。对于企业规模的第三种描述（薛和生，1988）是，企业规模是表现为劳动要素的集中程度和综合社会生产能力，也就是说投入和产出的配比能力[④]。

企业规模存在和发展，受到市场、技术、资金、资源等客观经济条件

---

① 规模出处：《汉书·高帝纪下》："虽日不暇给，规模弘远矣。"

② 马洪．中国工业经济管理［M］（上册）．北京：经济管理出版社，1986：192～193.

③ 宗明华．关于规模研究［J］．经济问题探索，1987（9）．

④ 薛和生．改革中的企业规模与企业行为合理化［J］．经济体制改革，1988（4）．

的制约，同时受到企业投资、经营决策的条件和能力的限制①。

企业规模的代理指标是根据《统计上大中小型企业划分办法（暂行）》以三个指标作为划分标志，即企业的“从业人员数”、“销售额”和“资产总额”②。其主要原因是：第一，用“从业人员数”表示企业的划分指标，特点是简单、明了，是世界上主要国家的通行做法，具有国际可比性；第二，用“销售额”能够客观反映企业的经营规模与市场竞争能力。在我国现行统计指标中，其指标的数据比较完整，也容易操作；第三，用“资产总额”能够从资源占用和生产要素的层面上表示企业规模。所以，采用这三个指标进行划分具有一定的科学性和可操作性。

本文对相关文献进行了比较分析，并且从文章的需要出发，在后面的实证中最后确定采用资产总额作为企业规模的代理指标。

1.2.1.2 决策（Decision）

决策理论（Decision Theory）是把第二次世界大战以后发展起来的系统理论、运筹学、计算机科学等综合运用于管理决策问题，形成的一门有关决策过程、准则、类型及方法的较完整的理论体系。决策理论已形成了以诺贝尔经济学奖得主赫伯特·西蒙（Herbert Simon）为代表人物的决策理论学派。决策理论是有关决策概念、原理、学说等的总称。“决策”一词通常指从多种可能中做出选择和决定。

完全理性决策又称客观理性决策论。代表人物有英国经济学家 J. 边沁、美国科学管理学家 F. W. 泰勒等。他们认为人是坚持寻求最大价值的经济人。经济人具有最大限度的理性，能为实现组织和个人目标而作出最优的选择。其在决策上的表现是：决策能全盘考虑一切行动，以及这些行动所产生的

---

① 董守才、张少华．我国工业企业规模的分析［J］．统计研究，1989（6）．

② 本次制定的《统计上大中小型企业划分办法（暂行）》，并未涉及《国民经济行业分类》（GB/T4754－2002）中的全部企业和单位，具体仅对以下5个类别规定了划型标准：第一类为工业，包括采矿业、制造业、电力、燃气及水的生产和供应业，共三个行业门类；第二类为建筑业；第三类为批发和零售业；第四类为交通运输、邮政业（不包含仓储业）；第五类为住宿和餐饮业。这5个类别涵盖了《国民经济行业分类》中的7个行业门类，673个行业小类，占全部行业小类的74%左右。

影响；决策者根据自身的价值标准，选择最大价值的行动为对策。这种理论只是假设人在完全理性下决策，而不是在实际决策中的状态。

连续有限比较决策论。代表人物是西蒙。他认为人的实际行动不可能合于完全理性，决策者是具有有限理性的人，不可能预见一切结果，只能在供选择的方案中选出一个“满意的”方案。人们对环境的看法简化，往往不能抓住决策环境中的各种复杂因素，而只能看到有限几个方案及其部分结果。事实上，理性程度对决策者有很大影响，但不应忽视组织因素对决策的作用。

理性、组织决策论。代表人物有美国组织学者 J. G. 马奇。他承认个人理性的存在，并认为由于人的理性受个人智慧与能力所限，必须借助组织的作用。通过组织分工，每个决策者可以明确自己的工作，了解较多的行动方案和行动结果。组织提供个人以一定的引导，使决策有明确的方向。组织运用权力和沟通的方法，使决策者便于选择有利的行动方案，进而增加决策的理性。而衡量决策者理性的根据，是组织目标而不是个人目标。

非理性决策论。代表人物有奥地利心理学家 S. 弗洛伊德和意大利社会学家 V. 帕累托等。该理论的基点既不是人的理性，也不是人所面临的现实，而是人的感情。他们认为人的行为在很大程度上受潜意识的支配，许多决策行为往往表现出不自觉、不理性的感情，表现为决策者在处理问题时常常感情用事，从而做出不明智的决策。

决策理论的发展趋势是：①强调人的判断对决策的影响。如决策论探讨决策者寻求次优行为的方法；社会判断论认为决策者受不同性质环境的影响会造成判断上的失实；归属决策论强调决策者在环境变量的作用下会受偶然因素的影响。②决策理论应用范围扩大。如将决策方法应用于管理的有效性的分析；把决策理论引入突发性危机的研究；把决策理论应用于政策分析领域，以研究导致政策失误的原因和场合。

1.2.1.3 规模经济（Economies of Scale）

由于企业大规模生产而导致的经济效益被称之为规模经济（Economies

of scale)，通常表现是产量在一定允许的范围内，当产量增加时，产品的平均成本不断降低。规模经济就是产品产量在一定的范围内，固定成本可以认为变化不大，那么新增加的产品就可以来分担更多的固定成本，从而使总成本下降。

按照社会生产力因素的数量组合方式变化模式，劳动者自然地进行选择和控制生产的规模，来获得生产量的增加和成本的降低，进而获取最佳经济效益。规模经济或者生产力规模的经济性，从本质上来说就是寻找最佳生产规模。一般在西方经济学里，规模经济被学者通常用来探讨企业经济问题。但在生产力经济学的重要领域内，规模经济的涵义显得更为广阔，为了能够获得经济利益，从微观层次到宏观层次，经济规模都会包括在内。规模经济理论主要是建立在以下两个假设条件：第一，生产技术水平不变；第二，所有生产要素或投入均按相同的比例变动。

规模经济一般是通过扩大规模来表现的，通过生产要素的合理配置而使企业获得最佳的经济效益。通过对企业规模的分析，企业确定它最佳的经济规模，根据这个经济规模来组织企业生产经营活动，使企业获得最高经济效益。确定企业最佳经济效益的方法很多，一般有几种常用的方法：如会计分析计算法和工程法等。关于规模经济的相关含义的具体描述，请见本文第二章，在这里就不再赘述。

1.2.2 研究方法

1.2.2.1 文献研究法

本文根据要研究的有关企业规模决策的主题，查阅了相关的规模问题的历史发展和现今关注的焦点问题，对规模问题有个全面的了解和大致的印象，通过对各种学术期刊、学术著作和会议论文等大量资料进行了分析、归纳和总结，得出本文要研究主题——规模决策问题的研究价值所在。

1.2.2.2 统计和计量分析方法

为了对研究对象——规模问题的认识达到进一步精确化，科学地揭示其规律，把握其本质，理清其关系，以求预测规模化经营的未来发展趋势。本文运用了统计学方法和计量经济学方法，在统计学中采用了主成分分析法对企业规模偏好进行综合评价，运用计量经济学中的多元回归法，在不同企业因素对企业规模产生影响，影响企业规模经济的路径，以及经济效益对规模的互动作用方面，进行计量应用分析。

1.2.2.3 归纳演绎分析法

本文对规模决策问题进行“质”的方面的研究分析。具体表现是：运用了归纳和演绎方法、分析与综合方法还有抽象与概括等多种方法，对有关规模决策问题的各种资料进行加工，从而取其精华和真谛，由表及里的进行分析，认识规模问题的本质，揭示规模的内在规律。

1.2.2.4 跨学科研究法

在本文规模决策问题的分析中，从不同学科角度进行分析，如管理学、经济学、社会学、心理学、生态学、组织行为学、统计学、计量经济学等多学科进行论证分析，综合论证交叉研究，全方位地分析，使其成为一个统一的整体便于研究，达到所设计构架问题的目的。

1.3 研究内容与技术路线

1.3.1 研究内容

本文在借鉴了国内外的大量的相关文献基础上对主题展开论述，运用了多种方法对规模决策问题进行了定量与定性分析，从而符合规模的“质”与“量”两个方面，规模决策的研究分析中，始终把握住“投入产出”角度和“成本收益”角度两个维度进行实证中各种变量的选取，保障结论的科学性、有效性、合理性，并与前面理论相呼应。具体结构内容安排如下。

1.3.1.1 绪论

主要提出论文的背景，现实意义和理论意义，相关概念的界定，论文中所运用的研究方法，论文的内容结构和技术路线，最后阐述了文章的特色与创新。

1.3.1.2 相关文献回顾

主要对规模经济的理论溯源、理论基础、形成原因进行分析，出现的规模经济和规模不经济、规模经济和规模报酬的区别，规模经济与经济规模、规模经济与范围经济之间关系进行阐述，影响企业规模经济的因素（创新、一体化、企业的生命周期、组织惯性、企业的效率等异质性方面）、制约企业规模经济的因素，都从不同的方面进行研究分析。

1.3.1.3 企业规模决策理论的机理分析

主要针对规模涉及到的理论揭示背后的原因。企业在追求适度规模的基础理论假设，包括有限理性理论、期望效用理论、协同效应理论和规模限制理论。对规模理论有不同视角的分析，例如文章中涉及到企业成长角度，一体化角度，竞争优势角度，企业文化视角下的规模偏好。规模边界和能力边界是企业的子边界，双重边界的匹配与动态演进共同决定企业规模的大小，规模边界还具有“归核化”趋势和“虚拟化”趋势。最后，企业最现实的是寻找如何形成规模经济，包括并购、资本运营、资本积聚和资本集中，其中并购理论基础和资本运营理论基础，为第五章实现规模经济的路径理论和验证奠定了理论基础。

1.3.1.4 企业规模偏好水平的综合评价

运用统计学方法，根据企业规模经济的投入和产出两个维度的指标，构建企业规模偏好水平的综合评价模型，采用主成分分析法对 2009 – 2012 年的企业规模偏好水平进行了综合评价，并通过实证研究检验了企业的属性对企业规模偏好的影响。

1.3.1.5 实现企业规模经济的有效路径的影响的实证研究

运用计量经济学的方法，构建了企业规模经济有效路径的回归模型，选取了 2009 – 2012 年上市公司的有效数据作为研究样本，分别对并购路径，资本运营路径进行了实证检验。最后，企业经济效益对企业规模也会产生互动影响，构建了该模型验证，从而证明企业经济效益与企业规模在企业中是互动统一的。

1.3.1.6 结论和展望

根据以上理论分析，实证检验结果，总结归纳全文的研究结论，得出启示，为企业部门提供相关的建议，最后探讨本文的局限和未来的发展方向。

1.3.2　技术路线

见图1－1。

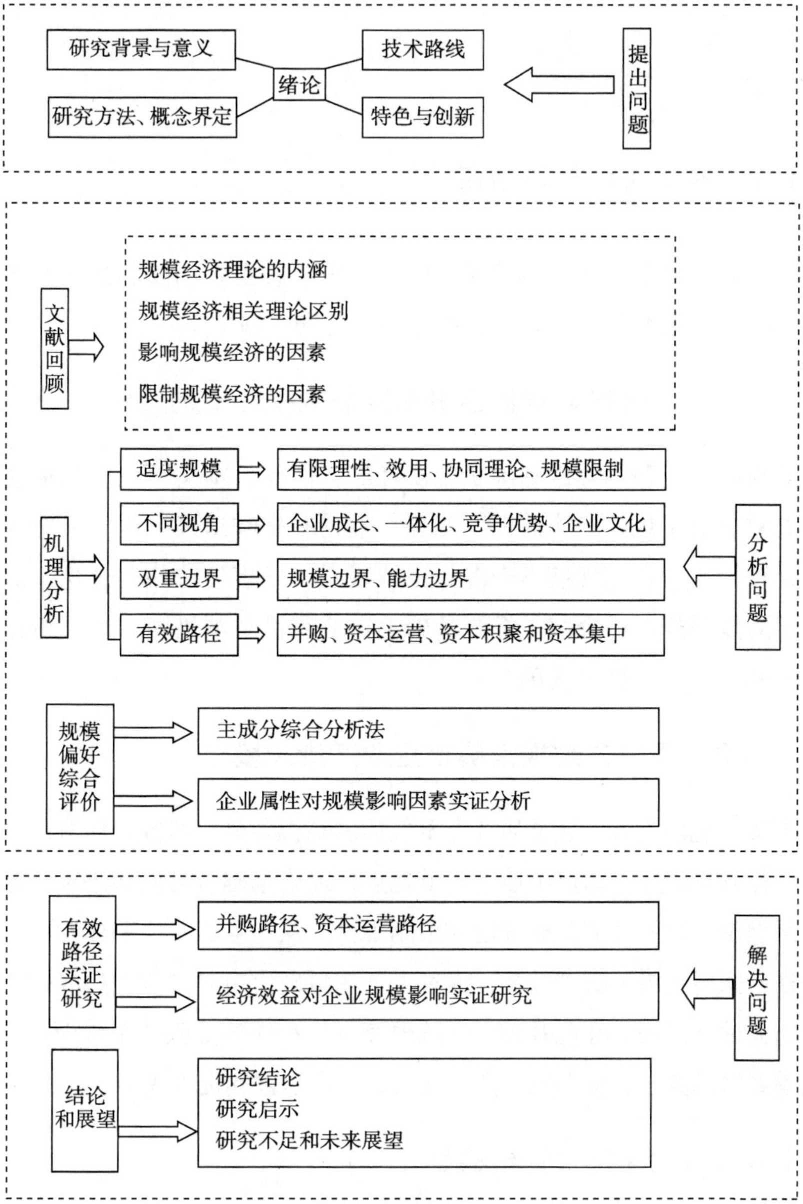

图1－1　研究的技术路线

1.4 本文的特色与创新

企业规模决策问题是学术界和企业界关注的重大问题和热点问题，也是本文要分析研究的问题。本文的主要特色和创新如下：

1.4.1 分析影响规模经济和限制规模经济的因素

规模决策问题的理论基础是规模经济，因此，本文首先从规模经济入手，着重分析了规模经济的理论溯源，理论基础和形成原因，又对规模经济再认识，比如存在规模不经济，比较联系了规模经济相关理论，进一步加深了对规模经济的理解。在此基础上，从积极和消极两方面分析影响规模经济和限制规模经济的因素。

1.4.2 通过二维视角确定企业适度规模

本文对规模决策问题的研究，不仅从静态视角分析研究，而且从动态的视角进行分析研究，即提出适度规模观点，理论基础包括有限理性理论、期望效用理论、协同效应理论和规模限制理论。从企业成长、一体化、竞争优势等视角探讨规模的机理分析；通过二维视角规模边界和能力边界动态匹配确定企业适度规模。在此基础上，从内部成长和外部扩张两个方面，寻找企业规模经济的路径，即并购、资本运营、资本积聚和资本集中。

1.4.3 构建综合评价模型

构建了规模偏好的综合评价模型，并运用主成分分析方法进行了综合评价，在选取指标方面，按照投入层面和产出层面两个维度进行确定代理指标。

比如投入层面的指标有总资产，管理费用率；产出层面的指标有市场份额、资产负债率、净利润增长率、勒纳指数和流动比率。之后，企业的属性特征对规模偏好的影响进行实证分析，与预期是吻合的。

1.4.4　进行验证

在验证规模经济的有效路径方面，选取了并购和资本运营两条路径进行验证，分别构建路径模型，运用计量中多元线性回归方法，并给予实证研究。最后，不仅在实证中验证了企业规模对经济效益的影响分析，又反过来验证了企业经济效益对规模的影响分析。可见，企业的规模与企业的经济效益是相互作用、相互统一和相互影响的。

1.4.5　小结

整篇文章从理论和实证方面，对规模决策问题的研究，始终沿着两条思路主线：投入—产出，成本—效益，建立全方位视角进行分析研究。

第二章　相关文献回顾

2.1　规模经济理论的内涵

2.1.1　规模经济的理论溯源

纵观经济学史，亚当·斯密被认为是规模经济理论的开山鼻祖。亚当·斯密在《国民财富的性质和原因的研究》（简称《国富论》）中说道："劳动生产上最大的增进，以及运用劳动时所表现的更大的熟练、技巧和判断力，似乎都是分工的结果。"①利用制针工场为例，通过劳动分工和生产专业化的两个方面，斯密指出了制针工序分阶段细化可以使生产率得到提高的根本原因是：利用劳动分工可以使工人的劳动技巧能力运用更加熟练，也由于重复性的劳动工作而节省了大量的时间，这也有助于机器的发明创造和使用。正是在一定规模的大批量生产上才能进行社会的劳动分工，斯密的分工理论被称之为规模经济的一种最古典的解释。

穆勒是最早系统论述大规模生产优势的经济学家之一。在其经典著作《政治经济学原理》中专门设有《论大规模生产和小规模生产》一章来研究规模问题。穆勒说："在很多情况下，进行大规模生产，可以大大提高生产效率。如果为了最大限度地提高劳动效率，许多劳动者必须联合起来，即便只是为了简单合作而联合，那么企业的规模就必须足够大，以把许多劳动者聚在一起，资本就必须足够多，以供养这些劳动者。当工作的

① 亚当·斯密，国民财富的性质和原因的研究（上卷），商务印馆，1972 年，第 7 页

性质允许，市场的规模足够大时，更需要进行细致的分工。企业愈大，分工也就可以愈细。这是大型制造厂存在的主要原因之一。”① 正是在斯密的劳动分工理论的基础上，穆勒创立了自己的理论，但与斯密不同的是，穆勒是直接通过节省劳动生产成本的角度来阐述大规模生产的优势。在这个意义上，规模经济的理论基础应该是由穆勒来奠定的。

具有真正意义上的规模经济理论来源于美国，它揭示了大批量生产的经济性规模。主要的典型代表人物有阿尔弗雷德·马歇尔（Alfred Marshall）、张伯伦（E H Chamberin）、罗宾逊（Joan Robinson）和贝恩（J S Bain）等经济学家。马歇尔在《经济学原理》一书中指出：“大规模生产的利益在工业上表现得最为清楚。大工厂的利益在于：专门机构的使用与改革、采购与销售、专门技术和经营管理工作的进一步划分。”②马歇尔提出了形成规模经济的两种可行路径，一种是内部规模经济，单个企业自身通过对资源进行有效地充分利用，提高组织能力和经营效率；另一种是外部规模经济，在多数企业之间进行合理的专门分工与合作、进行合理的空间区域布局而形成的。马歇尔还进一步研究规模经济报酬的变化发展规律，当不断地扩大企业生产规模时，企业规模经济报酬就能够表现为三种形式：规模报酬递增、规模报酬不变和规模报酬递减。此外，马歇尔又揭示了由于“大规模”而产生的垄断问题，而且企业垄断对市场的价格机制也会产生影响。规模经济和市场垄断之间产生的矛盾就是人们所说的著名的“马歇尔冲突（Marshall's dilemma）”。马歇尔认为：“企业规模地扩大不可以没有限制，否则所形成的垄断组织就会使市场失去‘完全竞争’的活力”。从那以后，英国经济学家罗宾逊和美国经济学家张伯伦两人分别针对“马歇尔冲突”提出了有关垄断竞争的理论观点，这又在一定程度上补充传统规模经济理论。

对传统规模经济理论做出贡献的还有马克思的规模经济理论。在《资

① 穆勒，政治经济学原理（上卷），商务印书馆，1997 年，第 155 页

② 马歇尔，经济学原理，商务印书馆，1997 年，第 297 页

本论》第一卷中，马克思凭借大规模的生产与协作为例子，详细地分析了社会劳动生产力的发展。他主张，从事大规模生产能够提高劳动生产率，大规模生产能够使近代工业得以发展，在此基础上，“才能组织劳动的分工和结合；才能使生产资料由于大规模积聚而得到节约；才能产生那些按其物质属性来说适于共同使用的劳动资料，如机器体系等；才能使巨大的自然力为生产服务；才能使生产过程变为科学在工艺上的应用”。[①] 马克思又指出：“扩大企业生产规模，主要为了实现下面的目的：企业产、供、销的联合与资本的扩张；降低企业生产成本”。由此可见，马克思主张的理论与马歇尔论述的“内部规模经济”和“外部规模经济”是有异曲同工之处。后来的新古典经济学派又从生产的边际成本角度来考虑，认为只有当边际成本等于边际收益时，企业的规模才能达到最佳规模。

美国第一个诺贝尔经济学奖得主（1970 年）保罗·A·萨缪尔森（Paul A Samuelson）在其巨著《经济学》一书中指出：“生产在企业里进行的原因在于效率，通常要求大规模的生产、筹集巨额资金以及对正在进行的活动实行细致的管理与监督。”[②] 萨缪尔森指出：“导致在企业里组织生产的最强有力的因素来自于大规模生产的经济性。”[③] 利用传统成本理论观点，在企业规模扩大时，由于大规模经济规律的作用，企业的生产成本将会不断降低，一直到出现了适度生产规模。如果继续扩大生产规模，那么就会导致管理上的不经济而引起成本的增加。

美国哈佛大学教授哈维·莱本斯坦（H Leibenstein）又进行了深入的探讨，他还提出了效率理论。哈维在《效率配置和效率》一文中论述：“大企业，特别是垄断性大企业，由于面临外部市场竞争的压力小，而企业内部组织层级多，机构庞大臃肿，关系网复杂，企业制度安排会出现内在的弊端，其后果难以达到企业费用最小化和利润最大化的经营目标，以至于产生企业内部资源配置效率明显降低，这称之为“X 非效率”，通常

---

① 马克思，资本论，人民出版社，第 687 页

② 萨缪尔森，经济学，人民邮电出版社，1954

③ 萨缪尔森，经济学，人民邮电出版社，1954

也被称之为“大企业病”。”[①]“X 非效率”所引发的“大企业病”，是造成企业发展规模经济内在的制约。

凭借交易成本的角度，美国学者科斯运用的交易成本理论对企业规模经济作出独特的阐述。在著名论文《企业的性质》一文中科斯论述：“企业出现的根本原因是产生了交易费用，表现明显之处是，企业可以替代市场价格机制来发挥作用。”[②] 市场通常以价格机制为主导并且进行每一笔交易都需要花费费用，其交易成本包括获得市场信息的成本、谈判和签约的成本、合同风险的成本等。当人们生产相同的产品、零部件以及相同的工艺流程阶段时，就可以将各生产要素集中在一起进行生产，实现减少交易数目、交易次数和交易摩擦等目的，从而使交易成本降低。如果“组织”凭借“权威”方式进行“安排”活动，这样就会节省交易成本。在此处“组织”表示企业；“权威”表示着企业内部的行政管理；“安排”表示“交易的内部化”。事实上，企业能够代替市场来发挥作用。当企业组织进行交易时，其内部的管理费用和其所节约的市场交易成本相等时，企业的规模扩张才可能不再进行。另外，科斯论述：“利用交易成本理论能够来解释企业的一体化问题”[③]。具体原因是，当两个或更多企业的交易归由一个企业来组织时，即交易活动内部化，这时企业一体化就出现了。可以看到，企业间关系与结构的每一步发展变化，都表现与规模经济有关。比如企业间并购的成功与否取决于其所增加的组织费用和所节约的交易费用之间的比较衡量。

在名著《看得见的手》一书中，美国著名企业史学家钱德勒（Alfred D Chandler）也发现：“当管理上的协调比市场机制的协调带来更大的生产力、较低的成本和较高的利润时，现代多单位的工商企业就会取代传统的大小公司。”[④] 科斯等学者论述的交易成本理论指出了在企业替代市场机制

---

① 哈维·莱本斯坦，哈维·莱本斯坦，北京：中国大百科全书出版社，1966

② R·科斯等，财产权利与制度变迁，上海三联书店，1991 年，第 3 – 52 页

③ R·科斯等，财产权利与制度变迁，上海三联书店，1991 年.

④ 钱德勒. 看得见的手：美国企业的管理革命 [M] . 北京：商务印书馆，1987

组织交易的条件下，企业组织管理对规模经济的理论贡献。在生产条件不变的情况下，如果企业管理水平得到提高，就能够使管理成本降低，从而企业能够进行大规模扩张。所以，交易成本理论不仅成为现代企业理论的关键核心，而且也被认为是规模经济理论的重要核心。

2.1.2 规模经济的理论基础

2.1.2.1 短期成本曲线

任何产出的短期总成本（STC）可以表示为短期固定总成本（TFC）和短期可变总成本（TVC）之和，一般来说，短期总成本可以用上述方法获得，短期总成本曲线（STC）还可以利用短期平均成本曲线（SAC）和短期边际成本曲线（SMC）来得到，短期平均成本（SAC）等于短期平均固定成本（AFC）和短期平均可变成本（AVC）之和，其中一般用 Q 表示产量。所以，我们能够得到下面关系表达式，即：

$$SAC = AFC + AVC \tag{2-1}$$

$$AFC = \frac{TFC}{Q} \tag{2-2}$$

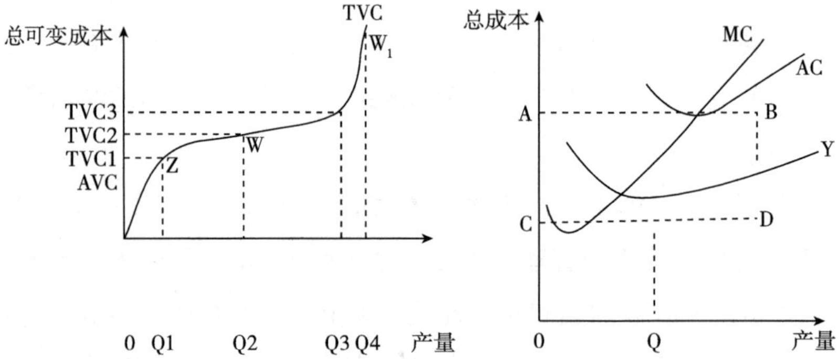

图 2-1 短期总可变成本曲线和短期成本曲线

通过图 2-1 可以看到，AVC 曲线不是轻易就能得到，AVC 的数值是由原点出发到 TVC 线上的点连线的斜率而产生的。例如原点到点 Z 的连线上点的斜率就等于 TVC1 与产量 Q1 的比值，那么直线 OZ 的斜率表达的就是产量 Q1 所对应的平均可变成本 AVC 的数值，同理 Q2，Q3 和 Q4 对应的平均可变成本均可以用上述方法获得。在产量 Q2 上的 AVC 小于产量 Q1 上的 AVC，随着产量增加，产量 Q3 上的 AVC 也略小于产量 Q2 上的 AVC。但是，在产量 Q4 上的 AVC 开始上升，产量 Q2 上的 AVC 和 Q4 上的 AVC 相等，这是由于他们的总可变成本都沿着直线 OWW_1 向前推进（如图 2－1 左图所示），比如用产量 Q 表示横轴，描绘出 AVC 的曲线形状，就可以得到形状是 U 型的平均可变成本（如图 2－1 右图所示）。

2.1.2.2　长期成本曲线

就企业的长期发展来说，随着企业产量的调整变化，企业的投入也随之不断变化，并需要进行重新分配。当企业在不断扩大时，企业的最小成本也会随着产出产量的变化来进行调整长期平均成本曲线表示在每一可能性产出产量条件下所需要的最小总成本。长期平均成本曲线可以表示为每单位产量的最小平均成本。记作：

$$LAC = \frac{LTC}{Q} \tag{2-3}$$

长期平均成本曲线的形状也表示为 U 型，其形状如下图 2－2 所示：

当定义 w 为劳动工资，L 表示劳动者数量，P_K表示资本价格，K 表示投入产量，因为平均劳动产量 $AP_L = \frac{L}{Q}$和平均资本产量 $AP_K = \frac{K}{Q}$，则：

$$LAC = \frac{wL + P_K K}{Q} = w\left(\frac{L}{Q}\right) + P_K\left(\frac{K}{Q}\right) = \frac{w}{AP_L} + \frac{P_K}{AP_K} \tag{2-4}$$

在这里，为什么长期平均成本曲线的形状是 U 型？当平均产量增加（或减少）时，相反，平均成本相应下降（或上升）；当规模报酬递增（或递减）时，平均产量相应递增（或递减）。同理，当规模报酬递增（或递减）时，平均成本曲线会呈现出下降（或上升）的趋势。表现出 U 型的平均成本曲线是符合成本规律的，如果当 U 型曲线下降时，是由于随着产出的增加，劳动表现的很专业化，专业化造成员工的劳动技能很熟练，那么在劳动中浪费掉的成本越来越少，这样才会产生较高水平的生产效率。当U型曲线下降时，还因为专门化的生产机器会比一般机器更加提高劳动生产效率，而在产出水平很高时，专门化的机器进行生产的耗费较大，引起了监督管理成本的增加速度比产量增加的速度要快。（如图2－2所示）

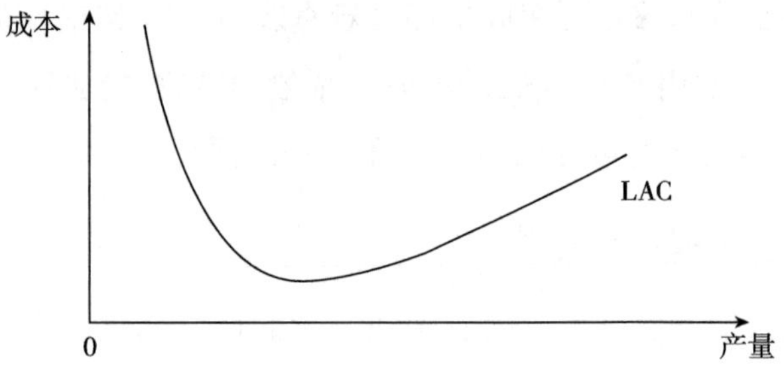

图2－2　长期平均成本曲线

2.1.2.3　短期成本曲线和长期成本曲线之间的关系

在长期成本曲线中的“长期”指的是所有投入要素都是可变的，而不是固定的。

在这样的一段时期内能够通过调整生产系统和生产能力的办法来增加产量的。当然，这种“长期”是能够调整企业现有的生产系统，包括扩大或改建生产系统。长期平均成本曲线（LAC）表现为由无数条短期平均成本（SAC）曲线集合而成的，长期平均成本曲线表现为一条与无数条短期平均成本曲线相切的曲线，即短期曲线的包络线（如图2－3所示）。

2.1.3　规模经济产生的原因

2.1.3.1　固定成本的不可分割性和分摊

规模经济的一般来源是固定成本在越来越多的产量中进行分摊。当生产过程存在不可分割性（在某一生产中投入要素是固定不变的，而不能随着产量发生变化）时，就产生了固定成本。不可分割性就表示某一投入要

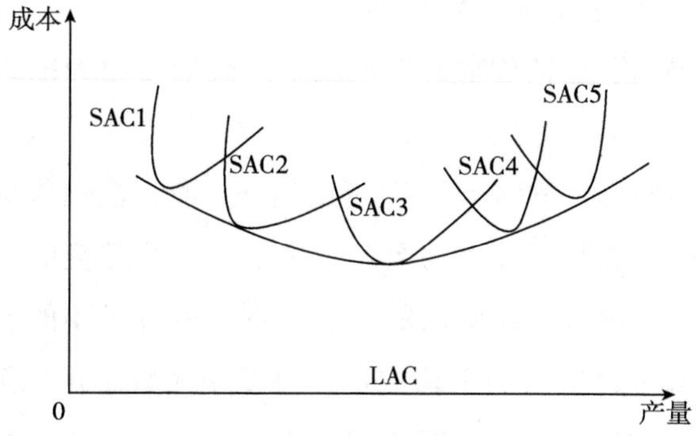

图 2－3 短期成本曲线和长期成本曲线的关系

素不能随着产量同比例缩小到最低水平，即使是在产出量很小的情况下也是如此。所以，不可分割性导致固定成本的产生；当固定成本在不同的产量水平上分摊时，就产生了规模经济。

2. 1. 3. 2 变动投入导致生产率的提高

企业规模的扩大可以引起可变投入生产率的增加，从而使生产率得到提高，这种方法也能够实现企业的规模经济。亚当・斯密定理指出：劳动分工受制于市场范围。但是，劳动分工可以通过业务专门化在企业内部产生。当公司业务规模扩大时，劳动工人被分配到新增加的专门化业务中去工作。在多样化生产的环境中，员工不再进行花样繁多的众多的工作，而是进行重复性单一的任务，这会提高生产的效率，提高产出量，随之企业员工的单位人工成本也将随着公司产出的增加而降低。

2. 1. 3. 3 存货

当企业在储备货物时也可能带来规模经济。原因是企业储备存货目的是为了将缺货的可能性降低到最小限度。当缺货成本高于储备货物的成本时，存货就显得尤为重要。缺货成本可能是很高的，它能导致零售商丧失销售机会，驱走正在寻找可靠的供货商的潜在客户。对于制造商来说，某一部门的缺货可能导致整个生产过程的延误。当然，储备货物时要发生成本的，包括生产该存货所承担的利息费用、等待销售过程中所发生的贬值风险（包括技术风险和样式过时风险等）。

存货成本抬高了已销货物的平均成本。假如公司为把缺货的可能维持在可以接受的水平上，必须储备 10% 已售货物的存货，这使已售货物的成本相应地增加 10%。一般来说，存货比例增大时，已销售货物的平均成本也随之增大。储备存货是能够为企业带来规模经济效应的，是因为在同样缺货时，业务量大的公司所必需的存货比例比业务量小的公司要低，这就减少了大公司已销售货物的平均成本，可以用大数定律来解释。“大数定律”表明足够多的随机事件相互之间的作用往往会抵消。在保持存货和替代部件时，往往存在着大数定律引发的规模经济。当产品批量很大时，存货与替代部件数量与总产量之比，可以明显下降而不影响生产和经营正常进行。

2.2　规模经济相关理论区别

2.2.1　规模经济与规模不经济

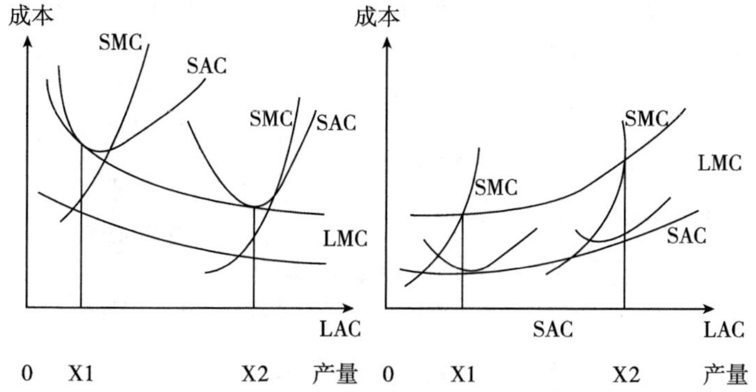

图 2 -4　规模经济与规模不经济

一般来说，在长期成本增加时规模经济就会形成，并且此时边际成本位于不断下降的阶段；在长期成本增加时也会使规模不经济发生，这时边际成本位于不断上升的阶段。如果企业既没有形成规模经济，也没有形成规模不经济，则这时长期成本曲线的边际成本不发生变化，就形成了规模经济不变。当投入要素价格保持不变时，这时长期平均成本跟随着产出的增加而下降时，就形成了规模经济（如图 2 -4 左图）；相反，长期平均成本跟随着产出的增加而上升时，存在规模不经济（如图 2 -4 右图）。

内在经济：厂商在生产规模扩大时由自身内部所引起的产量与收益的增加。（使用了更加先进的机器设备、实行专业化生产、管理效率的提高、副产品能得以综合利用、要素的购买和产品的销售会占据更为有利的地位。)

外在经济：整个行业生产规模扩大和产量增加后，给个别企业所带来的产量与收益的增加。(取得修理、服务、信息、运输、技术人员供给等方面的方便条件，使个别企业成本节约，产量与收益增加。)

内在不经济：厂商生产规模过大时由于自身内部因素所引起的产量或收益的减少。(管理效率的降低 、生产和销售费用大幅度增加 、销售困难增加、推进物价普遍上涨。)

外在不经济：整个行业生产规模扩大和产量增加后，给个别企业所带来的产量与收益的减少。(劳动力、动力、燃料、土地、运输的供给紧张，引起严重的环境污染，产品销售变得困难，个别企业成本增加，产量与收益减少。) 如下图 2 –5 所示。

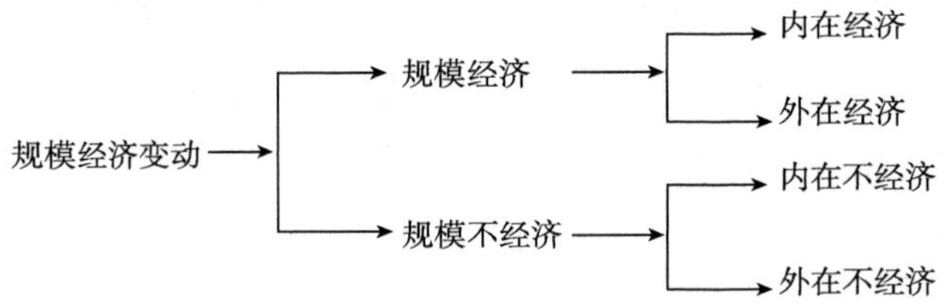

图 2 –5 规模经济的变动

2. 2. 2 规模经济和规模报酬

2. 2. 2. 1 规模经济和规模报酬的涵义

规模经济 (economics of scale) 又称“规模利益” (scale merit)，是指当生产能力扩大时，其单位成本下降的现象，即长期成本曲线呈下降的趋势。在这里，“规模” 表示生产的批量，在规模经济概念中的 “规模” 指的是伴随着生产能力扩大而导致生产批量的扩大；同时 “经济” 表示节省、效益、好处的涵义。按照权威性的格雷夫经济学辞典的解释，规模经济指的是：给定技术的条件下 (指没有技术变化)，对于某一产品 (无论是单一产品还是复合产品)，如果在某些产量范围内平均成本是下降或上升的话，我们就认为存在着规模经济（或不经济）①。结果是“长期平均成本曲线”向下倾斜，可以理解为，长期平均成本曲线就是规模曲线，在长期平均成本曲线上得到的最低点就是“最小最佳规模（minimum optimal scale 简称 mos)”。

规模报酬是用来表示当其他条件保持不变的情况下，企业内部每种生产要素按照相同比例变化时所引起的产量变化。规模报酬分析的是企业的生产规模变化与所引起的产量变化之间的关系。企业只有在长期内才能变动全部生产要素，进而变动生产规模，因此企业的规模报酬分析属于长期生产理论问题。规模报酬研究的问题是，当生产资源按照某一比例增加的时候，其产品产量或收益会按照什么比例增加。

通常人们在用经济分析方法时，会利用齐次生产函数来表达规模报酬关系。对于某一生产函数，当投入的所有生产要素都需要变化 λ 倍，生产产量也随之同方向变化 λn 倍，这类生产函数就是齐次生产函数。假如当 n＝1，就称为线性齐次生产函数。例如，x1、x2、……xn 全部同时变化为 λx1、λx2、……λxn，则产量 Q 会变化为 λnQ，即利用线性齐次生产函数的情形来表示规模报酬，当 λ＞1 时，表示规模报酬递增；当 λ＝1 时，表示规模报酬不变；当 λ＜1 时，表示规模报酬递减。

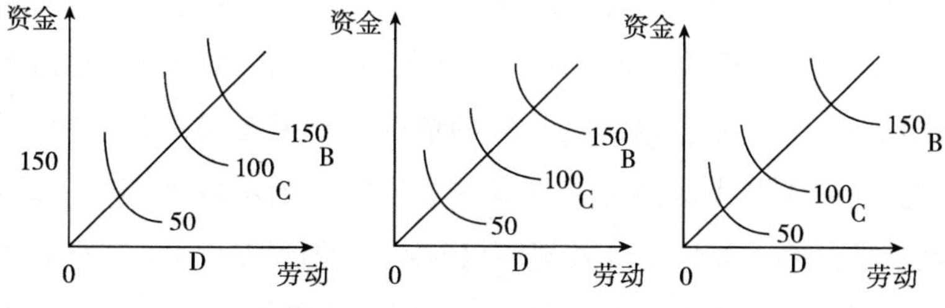

图 2－6 规模报酬递增，规模报酬不变和规模报酬递减

规模报酬发生的不同变化也影响了产量增长率与各种投入要素增长率之间的变化情况。可以用图形描述在资产和劳动的投入要素按相同比例变

① 约翰·伊特韦尔、莫里·米尔盖特、彼得·纽曼，1996：《新帕尔格雷夫经济学大辞典第二卷：E－J》，中译本，经济科学出版社

化的情况下，出现规模报酬递增、规模报酬不变和规模报酬递减的三种情况（Mansfield，1988）。（如图2－6所示）在图中，等产量曲线分别代表产出为50，100和150，左图表示规模报酬递增，OD > DC > CB；中图表示规模报酬不变，OD = DC = CB；右图表示规模报酬递减，OD < DC < CB。由此可以得出，规模经济和规模报酬这两个含义是不同的、有区别的。

2.2.2.2 规模经济和规模报酬的关系

Truett（1990）论述："规模经济和规模报酬应该可以是相互替代使用的，如果生产函数不是表现为规模收益递增，那么规模经济就不存在，也就是说生产函数需要在一定时期内或者一定范围内实现规模报酬递增，或者实现规模报酬递减，相应地，规模经济或规模不经济才有可能实现"①。事实上，很多理论书，如Parkin（1993）在《Economics：second edition》，Mansfield（1983）在《Pinciples of Microeconomics》他们都认为规模经济和规模报酬应该是有紧密联系的。Vassilakis（1987）主张，当存在产品单一的情况时，在产出的增长比例大于所有投入增长比例的情况下，会出现规模报酬递增的现象，从而使平均成本减少，实现规模经济现象。上述结论并不适用于所有情况，成立是有条件的，它的假设前提条件是当产出扩大时，投入价格和技术不变的情况，即在同一个竞争行业中属于相对规模较小的公司，这样才能够成立的。因为小公司的投入需求与市场总需求的联系相对比较少，这时才可以满足上述的情况。如果在另一种前提条件下，当公司的投入需求和市场总体需求联系紧密时，当出现规模经济现象时，也会出现规模报酬不变情况或者规模报酬递减的情况。假设在行业中规模报酬不变，同时成本逐渐减少，如果投入要素为劳动和资本，当投入要素原先固定的比例产生变化时，产出量也随之发生变化；假如当产出水平的增加时，投入要素价格会表现出下降的方式，这时生产 n 个单位产品的平

---

① Truett, L. J. and Truett, D. B., 1990, "Regions of the Production Function, Returns, and Economies of Scale: Further Considerations", Journal of Economic Education, Vol. 21, Issue 4, PP411－419

均成本自然就会小于生产 1 个单位产品的平均成本，造成产品的长期平均成本在下降。一般而言，在平均成本下降的范围区间内规模经济会出现，在规模报酬不变的同时就会出现规模经济的现象。同理可得，当生产出现规模报酬下降情况时，规模经济也会出现。同样类推，当投入要素价格上升或者产出在增加，在规模报酬不变或者规模报酬递增时，也会出现规模不经济的结果。Wonnacott（1982）认同相似的观点："假如投入价格不变，规模经济意味着长期平均成本下降。但是，如果一企业提高投入价格，则尽管规模经济存在，那么平均成本也会上升。"上述关于规模经济与规模报酬之间的关系可以用下面的函数关系表示如下：

生产函数一般用产出 q 和投入价格 x_i（i = 1，. . .，n）的对数形式来表示：

$$\ln q = h\ (\ln x_1,\ \ln x_2,\ \cdots,\ \ln x_n) \tag{2-5}$$

式子（2－5）暗含了生产函数的生产水平为：

$$q = f\ (x_1,\ x_2,\ \cdots,\ x_n) = \exp\ [h\ (\ln x_1,\ \ln x_2,\ \cdots,\ \ln x_n)] \tag{2-6}$$

定义 $\delta = dx_i/x_i$，i，i 为所有投入要素的共同变化比率，定义规模弹性为 $\sigma_s = (dq/q)/\delta$，等式（2－6）利用全微分能够得到：

$$dq/q = h_1\ (\cdot)\ (dx_1/x_1) + h_2\ (dx_2/x_2) + \cdots + h_n\ (\cdot)\ (dx_n/x_n) \tag{2-7}$$

$$\sigma_s = (dq/q)/\delta = h_1\ (\cdot) + h_2\ (\cdot) + \cdots + h_n\ (\cdot) \tag{2-8}$$

在这里，对全部的 x_i，存在 h（$\ln x_1$，$ln x_2$，⋯，$\ln x_n$）$= \partial h/\partial ln x_i$。所以，等式（2－8）采用取对数的形式可以用来比较方便推导规模弹性。而当给定产出水平下，企业的长期成本曲线能够用产出的最小成本来表示：

$$\mathrm{Min}\sum_{i=1}^{n} r_i\ (x_i)\ x_i + \lambda\ [\ln q - h\ (\ln x_1,\ \ln x_2,\ \cdots \ln x_n)] \tag{2-9}$$

这里，λ 代表拉格朗日乘数，r_i（x_i）代表投入要素 i 的价格，投入的使用量 x_i 取决于这个价格。如果是在全部的投入市场条件下，我们所研究对象的企业都是具有完全竞争条件，那么对所有的 i，存在 $\partial_{ri}/\partial_{xi} = 0$；假如企业在投入 i 上市场是完全垄断的，其中企业的成本在不断的增加，则$\partial_{ri}/\partial_{xi}>0$；假如象科恩（Cohn）所述，企业成本也会存在于某些市场降低的条件下，即$\partial_{ri}/\partial_{xi}<0$。一阶的条件为：

$$r_j(\cdot)+x_j(\partial_{rj}/\partial_{rj})=\lambda h_j(\cdot)x_j$$
$$j=1,\cdots,n \qquad (2-10)$$

当乘以 x_j，把所有的 j 加总，就得到 λ 的值：

$$\lambda=\left[TC+\sum_{i=1}^{n}x_i^2(\partial_{rj}/\partial_{xj})\right]/\sigma_s \qquad (2-11)$$

TC 表示总成本，$TC=\sum_j x_j rMj(\cdot)$，$\sigma_s=\sum_j hj(\cdot)$.

下面来观察平均成本曲线，在平均成本曲线上升、平均成本曲线下降或者平均成本曲线不变条件下，相应的平均成本相对于产量 q 的弹性可以是积极的、消极的或者为零。这时弹性为：

$$\sigma_{AC,q}=\sigma_{(TC/q,q)}=\sigma_{TC,q}-1=\left[(dTC/dq)(q/TC)-1\right]=$$
$$(dTC/d\ln q/dq)(q/TC)-1=\left[(dTC/d\ln q)TC\right]-1 \qquad (2-12)$$

找到成本曲线上的最佳点，即等式（2－12），对拉格朗日乘数的要求$\lambda=dTC/d\ln q$。

所以，等式（2－12）能够表述为：

$$\sigma_{AC,q}=(\lambda/TC)-1 \qquad (2-13)$$

下面，我们可以将（2－13）式中的 λ 代入（2－12）中，得到：

$$\sigma_{AC,q}=\left[(1-\sigma_s)/\sigma_s\right]+\left[\sum_{i=1}^{n}x_i^2(\partial_{ri}/\partial_{xi})\right]/(\sigma_s\cdot TC)$$
$$(2-14)$$

在投入市场都属于完全竞争条件下（这时表示企业作为市场的主体，只能作为价格的承受者而不能改变市场价格），则$(\partial_{ri}/\partial_{xi})=0$，式子（2－14）可以简化为：

$$\sigma_{AC,q}=\left[(1-\sigma_s/\sigma_s)\right] \qquad (2-15)$$

所以，在 $\sigma_A C$，$q<0$，$\sigma_A C$，$q>0$，$\sigma_A C$，$q=0$ 条件下，就是规模经济，规模不经济或者规模经济不变现象，同理可推，规模报酬递增、规模报酬递减或者规模报酬不变条件为（$\sigma_s>1\sigma_s<1\sigma_s=1$）。

可是，当出现一个或多个投入要素市场是$(\partial_{ri}/\partial_{xi})>0$，而不是

$(\partial_{ri}/\partial_{xi})<0$ 的情况下，那么 $\sigma_{AC,q}>[(1-\sigma_s)/\sigma_s]$，可能会出现规模报酬增加现象或规模报酬不变的现象，也会出现规模不经济情况。主要的原因是在市场投入价格的上升条件下规模不经济的出现。反过来，假如市场不是价格的接受者，而是价格的制定者，那么 $\sigma_{AC,q}<[(1-\sigma_s)/\sigma_s]$，也就是在出现规模报酬降低或者规模报酬不变的情况下，市场会出现规模经济的现象。通过上述分析，规模经济和规模报酬之间既存在联系也存在差异，规模经济起源于规模报酬，但是在不同的要素市场中，规模经济不能完全等同于规模报酬现象，反之亦然。Bell（1988）也阐述了当企业规模报酬出现下降时，规模不经济的现象并不随之出现。

2.2.3　规模经济与经济规模

经济实体的规模同该实体获得的经济效益之间，存在着密切的因果关系。在机械化和社会化的生产力发展阶段，通常的情况是：规模愈大，单位产品成本就愈低，经济效益就愈高，即获得所谓“大规模生产的经济”。但是，当生产力诸因素以相同或不同的比例增加，即经济实体的规模扩大到一定程度时，由这些增加的投入量所带来的增加的产出量反而会相对地减少，这就是所谓“收益递减规律”。

经济规模，指在一定的经济制度安排下，一个独立的经济体所具有的资金、原材料、劳动力、技术、影响力、竞争力的总体大小。

对于“经济规模”一词的理解，需要注意以下几个要点：

其一，经济规模是一个相对而言的概念，即必须有两个以上的经济体进行对比，才能够得出经济规模的大小。因此在比较的过程中，需要强调对比的科学性，一般来说，是把经济体当中的资产、影响力、竞争力全部折算成为货币单位来进行比较，同时也可以就经济体的某一方面的规模来进行比较，因此，需要在统计时使用同样的统计方法和同样的单位。

其二，经济规模所指的经济体，可以是不同层面的经济体。既可以企业与企业之间进行对比，又可以行业和行业之间进行对比，还可以地区和地区之间进行对比，或是在国家和国家之间进行对比。

其三，经济规模的概念不涉及具体的经济制度安排。无论是在计划经济制度下还是在市场经济制度下，无论是在私有制下还是公有制下，无论是在自由竞争的经济体中还是在政府主导的经济体中，都可以进行比较。

2.2.4 规模经济与范围经济

“范围经济”（Economies of scope）这个概念是1975年第一次被提出的。在20世纪90年代，美国著名企业史学家阿尔弗雷德·钱德勒（Alfred D. Chandler，jr）的《规模与范围：工业资本主义的动力》书中提到，“规模经济”与“范围经济”的理论被进一步完整化，“范围经济”也成为钱德勒所说的“工业资本主义的原动力”之一。相对于传统经济而言，“范围经济”属于新经济；相对于新经济而言，它又属于传统经济。拿规模化定制来说，它是“定制”这种农业生产方式与“大规模”这种工业化方式在网络化基础上的相互结合。“范围经济”是工业化与信息化之间的完美融合。

“范围经济”一般是指企业通过扩大其经营范围的方式，来增加它的产品种类，当企业生产两种或多种的产品时，来减少它的产品单位成本。通过与“规模经济”相比较，不同的是，范围经济是由生产者生产或供应某种系列产品，节省了单位成本而产生的，主要是由分销、研发和服务等部门来负责。“范围经济”通常也是企业实行多元化经营战略的理论来源。

一般而言，“范围经济”能够给企业带来的竞争优势如下。

2.2.4.1 生产成本优势

具体由分摊固定成本和降低变动成本这两个方面形成的。前一个是因为分摊了固定资产的折旧费用，从而降低了单位产品的固定成本而形成的优势；后一个是因为降低采购成本，有助于资源的利用而形成的优势。

2.2.4.2 差异化优势

范围经济明显表现出差异化的优势特征，在一方面差异化满足了顾客的“多样化、个性化、差别化”的需求，在另一方面差异化也是相关企业来追求范围经济的出发点和目标终点。

2.2.4.3　市场营销优势

市场营销的实质是来满足顾客的需求，“范围经济”具有的成本优势和差异化优势，使企业的产品品质和价格带来一定的竞争能力；可以利用内部的营销渠道和已存在的渠道销售多种的产品；充分利用企业已形成的品牌优势，为企业的新产品开拓新市场，有利于顾客接纳；给后进入者造成很大的进入障碍。

2.2.4.4　技术创新优势

一方面，企业决策者被“范围经济”所影响，更加愿意研发新产品和新工艺；另一方面，由于“范围经济”带来的明显优势能够使科技创新形成良性的循环，由于持续的技术创新活动，引发企业在新材料、新工艺、创新团队和市场调研等多方面取得良好发展，最终形成了企业强大的核心竞争优势。

2.2.4.5　抵御风险的优势

“范围经济”在成本、差异化、市场营销和技术创新等几方面表现出来的竞争优势，同时也使企业面临的风险降低。此外，范围经济也有利于企业的“新陈代谢”能力和互补能力。范围经济具有的，通过共享核心技术而降低各项成本的优势，与协同效应的 $1+1>2$ 在本质上是相同的。

总而言之，范围经济与规模经济的区别表现在：规模经济是指技术水平不变，随着规模扩大、产出的增加则平均成本（单位产出成本）逐步下降。范围经济是指存在同一核心专长，同时存在多样化的活动，多项活动来共享一种核心专长，结果降低了各项活动费用和提高了经济效益。范围经济是与规模经济密切相联的经济形态。范围经济的特点具有：在单位成本上的弱性，在劳动分工上的灵活性，在产业上的创新性和风险的共担性，这些特点是范围经济在产业中具有竞争力，能够获得可持续竞争优势的关键。在一个国家或一个地区的产业国际竞争力形成方面，范围经济发挥着重要的作用，其利用成本降低、生产率提高、创新发明的手段来提高在国际中的竞争地位，同时具备品牌效应与优势。目前，范围经济一般在第三产业中得到普遍应用，而在第一、二产业中格局是规模经济占主导地位，范围经济占次要地位。今天是知识经济的时代，在竞争优势方面，范围经济将会比规模经济表现的更加强有力，所以建立在规模经济基础上来追求范围经济将会被企业广泛采纳应用。

正是从 20 世纪 90 年代以后，我国研究专家建立起对规模经济与范围经济的相关研究，大部分是运用外国现有的理论来对国内的研究进行扩充应用，同时也在实践中检验证明，从而认识到规模经济和范围经济在我国是存在的并发挥着作用。尤其是在金融系统的研究分析中，发现银行业中存在着明显的范围经济性，规模经济和范围经济表现出互相紧密联系，互不可分的形态。

2.3 影响企业规模经济的因素

企业规模属性的影响因素涉及到企业的创新、一体化、企业的生命周期、组织惯性、企业的效率等异质性方面。

2.3.1 企业规模与创新的关系

一般说经济增长的主要动力来源于企业的创新，但是目前理论中对于企业具有多大的规模才能够具有更强的创新能力，答案是不统一的。熊彼特（Schumpeter，1942）认为，企业规模越大，垄断势力随之表现越大，企业的创新能力表现的也就越明显。著名的“熊彼特假说”指出：由于企业在规模经济、风险分担和融资渠道等方面具有相对优势，因此大企业比小企业具有的创新能力更强；由于企业的研发活动必须要持续不断的资金来支持，因此拥有垄断地位的企业才会有更强的创新能力。企业的创新能力是与规模、市场势力表现为正相关关系的。实际上，企业的创新活动由于在不同领域需要不同的研发成本，所以小规模的企业的创新能力会更强；相反，阿龙（Arrow，1962）认为在某一特定的条件下，与垄断产业相比较，竞争性产业会具有更多的研发激励，垄断性企业会减少其创新的激励。

熊彼特假说提出后，探究企业规模与创新激励之间内在联系的工作从未停止过，产生出一系列理论知识和实证研究的相关文献。在实际中，由于创新活动与企业规模、市场竞争等其他因素的关系较复杂，也促使学者运用研究来实证检验。通过查找大量的相关文献发现，企业的创新活动与规模通常情况下呈现出不确定的关系，具体表现为：正相关关系、U 型关系、倒 U 型关系、V 型关系、不相关关系、多种关系的综合。例如：通过美国在 1976—1995 年 4800 多家企业的数据进行分析，结果得出企业规模（这里用销售额来度量）和市场集中度都对创新（此处用专利被引用次数来度量）呈现出显著的正相关关系（Gayle，2003）。通过美国在 1982 年四位数的制造业数据研究，发现在不同产业及不同市场集中度情况下，大企业和小企业各自都有不同的创新活动，得出创新和企业规模之间是一种 U 型关系（Acs，1987；Audretsch，1991）。通过在 1973—1994 年伦敦证交所上市的几十个行业的 311 家企业的数据得出，市场竞争程度（即勒纳指数）与创新（专利数量）之间的关系为倒 U 型关系（Aghion 等，2005）。通过江苏省制造企业调查数据分析，这里还涉及到所处行业、企业规模以及企业所有制等因素，对企业 R&D 行为的影响表明，行业能够影响企业 R&D 支出强度（R&D：支出/销售额）；小型企业、中型企业和大型企业与 R&D 强度之间存在着倾斜的 V 型结构关系（安同良，施浩，Ludovico，Alcorta，2006）。通过美国在 1974—1977 年 345 家企业的 2494 个经营单位的数据发现，企业的规模和经营单位规模（销售额）对创新（R&D 密度）几乎没有产生影响（Cohen，1987）。总体上来说，国外的经验研究没有完全去支持熊彼特假说。另外，还有学者利用调查数据发现，由于多种因素的存在，企业创新与企业规模的关系表现为不唯一的多种关系的综合（Bound 等，1984；Scherer，1980；Kamien and Schwartz，1982）。

2.3.2 企业规模与一体化的关系

企业一体化可以分为横向一体化和纵向一体化两个部分。通常来说，企业的横向一体化取决于企业的规模经济的大小，表示企业所生产的产品数量的扩张。其产生的原因是：当增加了企业生产产品的数量时，在学习曲线和累积效应两方面共同的作用下，引起单位产品的平均成本降低，而且因为重复性工作和管理惯例两方面的共同作用，会引起行政成本减少，这些都可以使企业获得规模经济。因此，在保持其他条件不变的条件下，可以发现一个数量点使企业的效率最高或平均成本最低，就是所说的规模经济，它决定了企业的最优横向边界。企业的纵向一体化是指企业产品链的上下游活动，都在企业内部展开，如果企业能够在内部完成这一系列活动，那么就存在范围经济。企业纵向一体化取决于范围经济的大小。范围经济的扩大和缩小，企业的纵向一体化也趋于扩大和缩小。

在企业一体化中比较规模经济和范围经济的大小。当企业实行横向一体化时，企业进行单一产品生产，是利用分工和专业化来达到规模经济，目的扩张企业横向一体化。当企业实行纵向一体化时，在获得边际利润方面，企业范围经济会超过规模经济，企业在规模经济的基础上，转而追求范围经济，其表现为进行两种或两种以上的产品生产。此时，站在单一产品生产的角度，企业不断有效进行规模扩张，因为单一产品生产的最优规模还没有达到；但是企业已经开展范围经济进行多样化选择。实际上，当企业发展到一定阶段时，就必须开展进行一体化选择，企业才能发展得更强大。

按照新古典经济学原理，在企业成长中规模经济和范围经济都能够降低成本，企业的最优边界位于产品平均成本最低点，也位于规模经济和范围经济相结合的最佳点。因为横向一体化是要利用规模经济，而纵向一体化是要利用范围经济，两种一体化可以相互替代。在横向一体化和纵向一体化相互替代过程中，应权衡规模经济与范围经济寻找最佳范围，可以利用资源、业务外包和内化手段，有效地达到未来对企业分工与合作的竞争要求。

在企业进行一体化选择的过程中，企业的规模经济和范围经济表现出了两难冲突。当提高企业竞争优势时，行业需要发展规模经济，同时需要使企业的管理规模扩大，这样可能降低纵向协调的效率，这就使范围经济本身的优势降低。所以，掌握规模经济“度”的问题很重要。因为企业共享资源和协调活动也影响范围经济，引起企业组织结构和组织体制发生变化，对企业的管理要求更高，也在一定程度上损失了规模经济性。所以，企业开展纵向一体化，增加了生产环节和管理成本，引起管理效率降低，规模经济性表现得越差。

在规模经济与范围经济的角度来论述企业的一体化，弥补了交易成本经济学的缺陷。企业规模经济和范围经济的大小决定了企业横向一体化和纵向一体化，同时也是影响一体化的重要条件，它们可以相互联系和相互替代，在本质上它们都追求效率，也决定了企业一体化边界。事实上，形成纵向一体化实际在寻求潜在的范围经济，同时也会失掉横向一体化带来的规模经济的好处，又减弱了纵向一体化。所以，综合全面地考虑企业一体化时，需要分析纵向一体化引起的收益增加（范围经济方面）和横向一体化导致的收益增加（规模经济方面）。

通过综合分析，近年来对企业纵向一体化理论的研究，学者们单方面地分析了企业纵向一体化导致的收益与成本增量，而在分析横向一体化引起收益的增加方面时，没有研究它的具体来源及运行原理，缺少企业规模经济和范围经济对一体化边界影响的综合研究。基于成本与收益的全面视角，来比较横向一体化引起的规模经济性和纵向一体化引起的范围经济性，目的是理论上建立有关一体化选择的分析框架。企业规模经济与范围经济都会影响到企业边界和一体化等很多因素，反之，企业的一些显性和隐性因素也动态地影响了规模经济与范围经济之间的相互比较衡量。

2.3.3 企业规模在企业生命周期理论里的影响

通过企业的成长周期理论可以发现，企业一般都经历了创业阶段、成长阶段、稳定阶段和衰退阶段四个阶段，不同阶段企业的特点不同，企业的决策也存在着差异。由于每个阶段和规模经济与范围经济有关联，企业在考虑决策时必须慎重，下面我们从这四个阶段来分析联系。

2.3.3.1 创业阶段

这一阶段被称为规模经济的准备阶段。相比较而言，此阶段的企业刚刚起步，在各方面发展低速，表现特征为：企业规模较小，企业组织目标与管理原则不健全，企业发展的战略和未来发展态势都不是很明确，对员工缺乏吸引力，此阶段可以理解为基础阶段，为以后实现有效的规模经济打好坚实的基础。

2.3.3.2　成长阶段

这一阶段表现为规模经济为主，范围经济为辅的发展策略，成长阶段企业的各方面开始进入加速期，表现特征是：由于该时期企业经营目标与发展方向基本确定，企业的组织原则与管理条例逐渐确立，其生产营销呈现出高速发展，由于企业产品的市场属于非饱和状态，对顾客保留一种吸引力；同时，企业也吸引着大量的新员工进入，通常企业规模扩大可以通过连锁公司、分公司和子公司等形式去实现。

2.3.3.3　稳定期阶段

此阶段可以实现在规模经济基础上来追求范围经济。当走过了成长阶段后，企业已经有一定的规模，企业的经营方向与发展方向都已经进入平稳时期，此时企业发展战略是在已形成的规模优势基础上追求范围经济，在实现规模经济基础上，可考虑多角化、多元化经营战略的范围经济效应。

2.3.3.4　衰退期阶段

在此阶段企业可适当地减小规模，进行企业产品战略转移。该阶段的特征表现：随着企业内部和外部环境的不利变化，企业规模不能在进行扩大，业务不能再发展甚至出现停滞倒退。为了走出困境，改善自己的经营环境，摆脱不利局面，该时期可适当将企业规模缩减，转移注意力，把关注力放到变革创新方面。比如可以积极进行有关产品、技术、服务等方面创新活动，积极努力寻找新的经济增长点，进一步研究相关产品的组合创新，寻找新的组合方式来满足消费者不断变化的需求。这阶段企业需要做到的是：企业规模在一定程度上缩小，同时采取企业产品的战略转移措施，更快地研发出新的产品组合从而使企业增强新的活力和保持竞争力。

2.3.4 组织惯性对企业规模的影响

在企业的规模发展研究过程中，管理学家和经济学家已经发现企业要求内在稳定性与抵御变革的特性（即惯性）的存在。Haveman 论述组织的环境是一个非常复杂的群体生态系统，当面对环境改变时，组织出现难以发生变动的现象被称为组织惯性，通常情况组织惯性会对组织的生产运作产生十分重大的影响，比如企业规模的改变。Amburgey T. L. 和 Miner 都认为不管环境怎样改变，特定组织实体仍然保持不变和具有稳定性，保持方向一致、统一的速度运行，即通常组织会仿照过去的习惯、过去的管理方式办事。罗杰·马丁（Roger Martin）发表于哈佛商业评论的文章《改变企业的思维方式》开篇就陈述："组织是多么习惯于抵制新思想——这种机制下面的情绪是有多么的强烈。"在总结过去的有关组织惯性研究的基础上，严家明归纳出：企业自身具有维持发展运动状态内在稳定的要求，在一定程度上组织对变革会产生抵抗性；另一方面，当企业在没有遭遇到"外力"作用时，如外在的压力、威胁、危机与挫折等，企业的发展模式与运行路径将会一直保持不变。上述说明企业的规模属性具有路径依赖的特点。

企业规模不同，组织特征也随之不同，通过组织资源的角度，Levinthal（1990）阐述大企业拥有非常丰富的资源，当外部环境变化时，能够有效地缓解给企业带来的冲击，外部环境变化较小时很难引起组织变革，当面临外界环境的改变时企业能够表现出来更强的惯性；通过组织结构的角度，Tushmsn（1997）认为企业存在的组织惯性，会使原来组织结构是有利于技术创新的，现在将会逐渐变成组织想进一步创新的最大障碍；通过组织文化的角度，Mani（1999）认为"成熟"的具有相当规模的组织中，受到组织群体的一致性目标的影响，人们的行动和处事方式会受到约束；尤其是在群体中组织长期形成的价值观念、非正式规范、群体意识等都会变成一种习惯性思维，这种惯性思维将深深地影响技术范式；王伟龙，李垣（2004）更明确地提出当企业规模扩大时，组织惯性一般也会随之渐渐地增强。

企业组织规模越大，组织结构越复杂，组织内部部门之间的联系与利益关系也更加复杂。当组织内部在应对环境改变和组织变革时，部门官僚化使其步骤变得相当地缓慢。当在环境中出现了新的机会，因为内部的复杂结构，组织也不能及时抓住机遇（Hannan，1998）。Greiner 指出，企业生命周期的每个阶段的发展过程中，反映了在相对平稳的环境下，不同阶段的组织惯性形成过程。Sull 还从个别组织自身成长的部分规律探讨了组织惯性的成因，在竞争中形成的成功经验经过提炼而成为独特管理模式，内化形成“组织惯性”。由此可见，作为企业属性的企业适度规模，也是企业获取成功的竞争优势，逐渐内化于组织活动中，也形成组织的惯性而存在着。

2.3.5　企业规模与效率和效益的关系

通常情况下，企业规模是越大企业的经济就越好，效率也就越高？实际上，企业规模扩大会明显地增加有效管理的难度，同时会使企业内部交易成本增加。所以，企业规模扩大引起的收益是有限的。在企业规模超过一定程度后就会由“经济”变成“不经济”。在经济学文献中，有关企业规模与效率之间关系的研究，大致可分为五类：第一种类型是递减说，第二种类型是不变说，第三种类型是递增说，第四种类型是不相关说，第五种类型是最高边界说。

在国外，Banz 于 1981 年发现，在美国不管是总收益还是风险调节后的收益率都是与公司规模的大小负相关。Fama and French 在 1992 年和 1993 年进行了一系列的研究，并提出自己的模型，即股票的预期收益是由两个微观变量（公司规模大小、市值与净值之比）决定的。可见，大公司的成长缓慢，则收益增长较低；小公司的成长迅速，则收益增长较快，发现规模小的公司收益增长率大于规模大的公司收益增长率。

在国内，林博文和陈怡之发现，企业规模会对无形资产价值造成负面的影响，在创造无形资产方面规模大的公司的效率反而更差，产生规模不经济的现象。吴辰（2009）选取了沪深两地 97 家的上市公司2001－2005年连续五年的年报数据研究发现，企业规模对企业的经营绩效具有显著的正相关性。赖国毅（2005）在《我国上市公司成长中规模与绩效的实证研究》中对企业的规模与绩效运用了回归分析进行定量分析；魏良益、赵君、肖洪安（2005）运用实证研究，证明了每股收益与规模正相关，总资产收益率与规模是负相关。他们都注重企业业绩对上市公司规模的影响。

从理论上来说，（Knight，1993）认为企业规模与效率之间关系是其遇到的最大的难题。他还认为正是管理收益递减限制企业规模扩张，由于企业规模越大，企业家面临的复杂性和风险就越大，导致决策效率降低，这实际上是把企业规模限制条件归因于企业家的有限理性条件。Alchian 利用“利润最大化”替代“经理效用最大化”做为企业的经营目标函数，发现大企业的经理具有规模偏好从而导致控制权收益，而不是企业利润导致的所有者收益，这为研究企业规模与盈利性之间的具有负向关系贡献了一个理论轮廓。

2.3.6 不同视角的冲突与融合

综合上述不同的观点，我们发现，由于观察视角和理论基础的差异，得出的结论也是迥异的：

表 2－1 不同研究视角的对比分析

异质性视角	核心理论	产生的结论
企业创新	熊彼特创新理论	创新与规模正相关，负相关，U 型或倒 U 型关系，V 型关系，甚至不相关
范围经济	多样化经营战略的理论	与规模经济紧密联系在一起，更具有竞争优势
集聚经济	空间的集中度	集聚程度越高，则该产业集聚中的企业规模越大
组织惯性	路径依赖理论	企业规模具有路径依赖的特点
绩效效率	效率最大化	规模与效率之间的多种关系

资料来源：作者根据文献整理

第一，熊彼特关于企业规模和创新的理论被认为对传统理论的巨大挑战，其具有启迪性和争议性的重要研究激发了后人对创新问题的研究兴趣。在总结了企业创新与规模的大量文献和相关实证研究基础上，可以得出企业创新和企业规模之间的关系包括正相关、负相关、U 型或倒 U 型关系、V 型关系，甚至不相关关系等多种，这也说明企业创新与企业规模的关系是不确定的、不唯一的，为以后学者后续研究做了理论上的铺垫。

第二，在企业一体化中，横向一体化引起规模经济性，纵向一体化引起的范围经济性，通过成本与收益的视角，从理论上建立有关一体化选择的分析框架。其中，企业规模经济与范围经济都会影响到企业边界和一体化等很多因素，反之，企业的一些显性和隐性因素也影响了规模经济与范围经济之间的相互比较衡量。

第三，规模经济、范围经济与集聚经济之间具有相容性。在集群方面来说，由于在空间位置上企业相聚集和企业之间进行相互合作，造成独立的企业实现了过去不可及的范围经济。在集群内，高度专业化的企业和互相联合的企业，使企业规模能够实现进行横向扩大。而企业规模经济可以利用横向规模扩大得以实现，规模不经济则通过纵向规模收缩来躲避，集群内企业利用这种规模经济性在市场竞争中来获得优势地位。

第四，组织生态学观点认为，由于企业的不断持续发展增加了企业的业务和员工，也增大企业组织规模，企业年限越长，由于工作中复杂性问题在组织内部产生一定的结构机制和特定关系，企业的管理机制被这些结构单元内部之间的衔接和关系所影响。如果企业组织的规模越大，那么这些单元的关系就显得越复杂。这种特定的规模结构关系使企业面临变革时遇到困境，而且变革的成本也更高。

第五，规模成就企业的发展，创造企业的品牌，效益决定企业的生命，只有规模与效益有机结合，相互促进、相互制约，才能把企业做大、做强。没有规模，效益就没有坚实的基础；没有效益，再大规模的企业也难以生存；有效益，没有规模企业就难以做大、做强。在规模产生效益基础上，效益扩张又能加速企业规模的扩大。总之，企业的规模与效益的有机结合，企业的社会效益与自身效益才能得以充分实现。

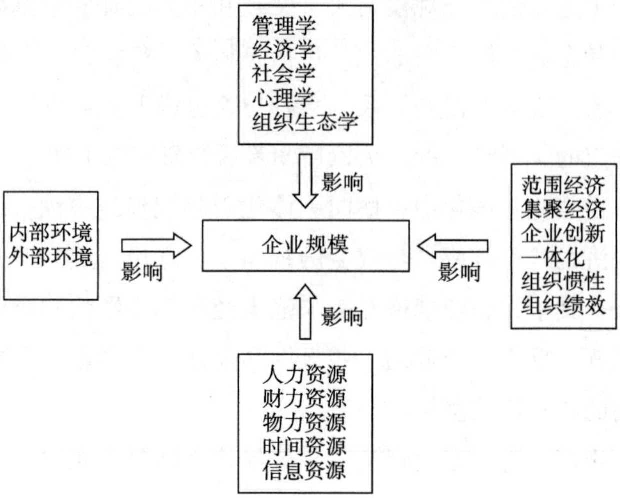

图 2-7　企业规模经济的影响因素分析

2.4　限制企业规模经济的因素

通常情况下，企业位于不同的地理位置，处于不同的行业中，处于不同的产品生命周期阶段，限制和约束企业规模的因素也不同，我们把这些不同的因素概括为以下几个方面：

2.4.1　自然条件的制约

自然条件是限制企业规模的发展的重要因素，自然条件会常常制约资源密集型企业的生产规模。例如：土地质量和气候条件决定了很多农产品的生产规模；石油储量的多少决定了油田的规模；同理，一个国家想要发展的劳动密集型产业也应该由劳动力资源的丰富与否来决定。

2.4.2　技术水平的制约

纵观人类历史发展的整个过程，尤其是经济社会发展过程中，决定企业规模的大小并可以对其产生作用的是技术因素，正是因为一定的技术条件相匹配适合一定的企业规模。在技术进步的前提条件下，企业生产能力才得以扩大，生产能力的扩大才引起企业规模的发展扩大。具体表现：由于社会化大生产和生产自动化机器设备的出现，大型和特大型规模的企业出现的越来越多，这些大规模企业都是社会经济成长中的主要力量部分。在这些条件的作用下，生产活动具有的不可分割性是规模经济的产生根源。当然，这种带有不可分割性的生产活动的规模，必须要能够适应企业的生产工艺和技术进步。当技术进步时企业规模呈现出逐步扩大的现象，技术进步有助于企业规模的扩张，同时又制约了企业规模的发展。所以生产技术和企业的规模是紧密相联的一种动态组合。物质技术设备，如化工设备和装置能力影响化工企业的规模。

2.4.3 社会经济条件的制约

社会经济条件比如资金、市场、劳力、运输、专业化协作等，也制约了企业规模。具体表现：作为最基本的生产要素如资金和劳动力，企业拥有资金和劳动力的多少，会直接影响到企业生产规模的大小；是否方便快捷的运输条件和价格低廉的运费条件则对于大体积、大重量物品的生产规模约束影响更为重要；专业化协作对生产规模影响也很大，对于很多机械类产品具有复杂的加工程序，其需要产业内分工的专业化，也与生产规模密切相关。

2.4.4 社会政治历史条件的制约

当企业发展时，会有宏观环境的限制，其中就包括社会、政治、历史条件，这种条件也会限制到企业的生产规模的发展。例如我们把在战争时期与和平时期条件下进行比较，时期不同即使同一个企业的生产规模也可能不同的。战争可以起到破坏作用和因需求可以起到助推作用，受到此影响牵连，企业的生产规模也可能表现为极度萎缩或极度扩大。

2.4.5 市场需求作用

一般来说，市场需求是对企业规模影响最大的因素之一。我们可以得出，市场的需求也对规模经济影响很大，因为规模经济的前提条件和本质追求是投入的减少和产出规模的扩大。具体来说，通过学习经济学原理，人们发现当顾客在市场上购买企业的产品时，说明市场对该产品是有需求的，同时生产者的成本得到补偿及利润得到实现，在这个交换的过程中，才能够实现任何企业产品的价值。只有当产品的市场存在需求了，企业产出规模才能扩大，企业的规模经济才能够得以实现和成立。

随着一个国家社会经济的良好发展，会在宏观和微观两方面提出要求，一般在宏观上需要保持经济总量大体平衡，而在微观上需要企业作为经济主体应具有生机活力并且保持盈利水平。根据经济学中的供求定理，我们得知，企业产品的市场供给大于市场需求，产品价格将会下降，因此企业得到的利润相应减少；反之，市场供给小于市场需求，产品价格将会上升，企业获得的利润相应增加。

由此可见，企业产品供给大于需求时，采取扩大企业的规模的策略是不合适的。当企业要扩大规模时，必须准确地掌握时机，首先对市场现存的供求状况和发生变动情况要能够预测的准确无误，其次又要对产品所在的行业和社会供求总量的平衡状况判断准确无误，这样才能满足需求的要求并能够创造出更新的需求，在生产上扩大而使企业获利。相反，如果不顾实际情况扩大企业规模，肯定会造成企业产能过剩，引起理想规模与现实规模相互脱离的局面，导致原企业甚至整个行业的产品成本上升以及效益下降的情况。众多企业的例子说明，市场需求的增长速度缓慢及消费者需求的偏好发生变化，二者对企业产品的销售情况都会直接产生影响，进而也间接影响了企业的生产规模。

消费者的平均收入水平和产品价格也对市场需求产生影响。当消费者的平均收入水平或者收入发生变化，市场需求相应随之发生同步的变化；产品价格的变化也能引起市场需求发生变化，经济学的需求曲线的变化情况很形象地反映市场需求变化情况。

通过上述分析可以得出，市场需求制约了企业市场产品价值的实现，但是该产品的市场需求又受到众多因素的制约。因此，能否实现规模经济还受到该产品的需求弹性的影响。具体来说，规模经济与产品的需求弹性呈现出了显著的正相关关系。也就是说当产品的需求弹性增加，企业就可能在规模扩张中获取所要的规模经济收益，反之，当产品的需求弹性减小时，企业在规模扩张中得到的是规模不经济。

2.4.6　市场竞争力量的影响

市场经济的环境中，企业的市场竞争能力对企业的规模大小也产生相关影响。相比较来说，企业的规模越大，其资金比较充足，技术力量更加容易集中，从而竞争能力表现较强。而某些企业在行业中市场占有率较低，市场价格较高，对供求关系影响微弱的竞争力量较小的企业，其资金和科技力量水平相比较也较低，企业规模自然也较小。

2.4.7 管理因素的制约

通常来说，企业规模与管理难度是成正比关系，企业规模与管理效率成反比关系。我们在当代西方的组织理论书籍中查阅到，每个正式组织都包含了三个基本要素：协作意愿、共同目标和信息沟通。只有这三个要素互相很好的结合在一起，才能使每一个正式组织存在和保持可持续发展。但是企业员工是否愿意协作、能否存在共同的目标、信息沟通是否充分，这些因素都与企业规模紧密联系在一起的，并通常表现为反比关系。随着企业规模的增加，企业中不同管理层次的员工实现共同目标的难度增加，实现协调一致性较困难，管理信息也难于得到快速传递，造成管理难度增加。在今天的超大型公司和企业中常常会出现以下现象：大企业自身必须要带有繁多的管理层次，花样繁多的激励机制和监督机制，这些都会使非生产人员和设备的数量增加，必然引起企业的管理成本和管理费用增多。结果就是，管理层次设立的越多，相应的工作效率越低。

因此，过大的企业规模有可能引起企业产品的成本上升，导致规模不经济的现象出现，也就是管理上著名的“X 非效率”。

2.4.8 产品相关性因素

一般而言，企业都会同时生产众多种不同类型的产品，从产品性质来划分，可以分为两大类，一类是与主导产品的生产技术及生产经营相关产品，另一类是与之无关的产品。通常来说，企业会把自己的生产经营活动扩展到一个领域，该领域与主导产品无任何关联，目的是分散其中某一类产品滞销而引起的不利的市场风险，从而使企业保持可持续发展。但是，产品的性质和生产要素关系表现密切，如果产品的性质不同，对技术设备和人员素质要求这些生产要素也会随之不同。因此，企业生产的产品种类繁多，如果产品之间的关联性很小，那么就需要投入很多的技术设备和劳动力，导致产品的成本也随之增高。如果产品之间的关联性很小，各种不同产品之间应用的管理体制也不同，互相之间产生复杂的协调合作，进一步导致了在管理方面和生产效率方面均下降的后果。以上论述说明，当企业产品的相关联性小的时候，企业的规模也应该随之缩小。

2.4.9　一些外部成本的影响

在现实中，比如运输成本等外部成本，也影响某些产品的规模经济。例如对水泥、石材、牛奶等这些产品，由于这些产品的单位生产成本与运输成本相比较是很低的，所以它们的运输成本要比市场成本显得更为重要。当这些产品的市场囿于较小的市场范围内，相对于生产成本而言，这些产品的运输成本还不算太高；如果市场的地理范围扩大，运输成本则会迅速增加导致产品的总成本也会增加。通常来说，扩大更远更加广阔的市场有利于提高产量规模，从而也提高了平均运输成本和总成本。

2.5 本章小结

对企业规模的理论出现了百家争鸣和众说纷纭的局面，对其研究至今没有形成统一的观点。例如，企业“做大做强”，英国经济学家舒马赫（E. F. Schumacher）“小的总是美好的”之类观点，也常常出现在经济学和企业管理的文献中。2000 年以杨小凯等人为代表的新兴古典经济学者提出厂商规模无关论，对规模经济理论提出质疑。在实证方面，多数学者仅对各行业的规模收益状况做了描述性的分析，却没有对影响规模的因素进行研究。为了给人们一个对规模问题的全景式认识，深入分析规模经济现象，实现企业利润最大化目标，本文另辟蹊径，对规模的影响因素研究进行梳理，在此基础上对实现规模经济的路径进行了探索，以期望推动国内的相关理论的发展，对目前的企业规模问题研究具有借鉴意义。

企业的规模经济理论起源于西方，但是近年在我国理论界获得重视，学者们纷纷各抒己见，促进了规模经济理论的发展，为企业的可持续发展奠定了基础。通过梳理文献，发现存在的问题和未来的研究方向。

首先，规模经济本身含有最优规模，应追求适度规模。戚聿东，边文霞，周斌（2002）在对我国国有经济规模演变进行分析基础上，进而探讨了国有经济规模的合理区间。

其次，对于规模经济的研究，目前大多是定性分析，运用定量分析很少，把定量分析和定性分析相结合，会得出更合理的结论。

最后，企业实现规模经济的途径和手段，不论是提升管理水平和技术水平，还是内部成长或外部扩张，都应从中国国情出发，提出企业规模理论在新经济形势下的创新运用。

第三章　企业规模决策理论的机理分析

规模很重要。有专家做过研究，一般情况下，消费者对同类产品的商家品牌的关注幅度不会超过七个。换句话说，在消费者关注之外的品牌与关注之内的品牌之间，排名靠后的品牌与靠前的品牌之间，实际上是公平竞争条件（大环境）下的不公平竞争（小环境）。小规模的企业，要付出比大规模的企业更多的努力，还不一定有明显的效果。企业要赚钱，要生存和发展，必须不断扩大规模，不断强化自己在消费者心中的形象，不断提高自己在消费者心目中的排名。

但规模绝不是简单的1+1，也绝不是只靠打价格战就可以将对手挤下去。规模是企业综合实力的最真实反映。包括经营团队的素质与管理水平、人力、物力和财力等资源的储备及优化组合、企业的战略、计划及经营策略的制订与操作能力、产品研发、生产、销售等环节的良性运作与配合、企业机制、企业文化等等。企业不可能在方方面面都占有明显的优势，但一定要有自己的优势（至少也是相对优势），形成自己的特长；同时还不能有明显的缺陷，否则最短的那块木板就会限制木桶的盛水量，限制企业的规模。

企业追求的规模化经营即最优规模，准确来说是一种满意规模，是一种适度规模。从这个意义上来讲，规模不是静态的，而是动态的规模。企业家面临的不确定性和复杂性越大，决策效率则越低，这实际上是把企业规模限制归因于企业家的有限理性条件。

3.1 企业适度规模的理论基础

3.1.1 有限理性理论

有限理性是指存在于完全理性和非完全理性之间的在一定限制条件下的一种理性。有限理性（bounded rationality）的概念最初是阿罗（Arrow）①提出的，他认为有限理性就是人的行为“即是有意识地理性的，但这种理性又是有限的”。出现有限理性的原因有两个方面：其一是由于复杂的环境，在众多的交换形式中，由于多种原因，每一个人所处的周围环境是相对复杂、充满不确定的，随着社会交换活动的增加，不确定性在增加，信息很难收集完整；其二是由于人们的认知能力是有限的，对环境的理解和预测能力是有限的；此外，在很大程度上，由于受到情境的影响，人们使用“第一系统”进行加工，理性在这里根本就无法发挥作用。

20 世纪 40 年代，西蒙（Simon）② 详尽而深刻地指出了新古典经济学理论的不理想之处，指出了它的两个假设条件是不成立的，一种假定目前状况与未来变化被人们掌握了解的；另一种假定事件的全部的“备选方案”和“策略”的结果都是已知的。但是实际上，这两种假定在现实中是不存在的。在传统经济理论中，西蒙假定了一种“经济人”，所

① Arrow, K. Economic welfare and the allocation of resources for invention, In: Nelson R. (Ed), The rate and direction of invention activity. Princeton Uni. Press, Princeton, 1951.

② Simon H A, Reason in Human Affairs, Stanford University Press. A readable 115pp. book on human decision - making and information processing, based on lectures he gave at Stanford in 1982, 1983.

具有的“经济”特点是，对所处的周围环境了解的很完全，具有逻辑性和理性的观点，并且预测能力很强，能够预测出所有行动的备选方案。但是现实中，这种人是不存在的，只是理想中的人的完美化，西蒙告诫人们行动中的准则并非是“最大”或“最优”的标准，而只是“满意”的标准。

首先，就任何决策而言，决策者要了解全部的选择方案及这些选择的结果，是非常必要的，这种情况被称之为完全信息。

其次，为了能够实现最大化准则，需要有某种机制使决策者对出现结果的好处或价值进行排序，来表达决策者的真实想法。我们需要判断某一决策中所有可选方案的相对优劣点，为了可以从中选出方案，使其能为人们带来最大满足程度。这个过程还需要一个能够前后一致的测评系统，以便能够对不同备选方案的结果加以判断识别，这种情况被称之为完全判断。事实上，完全信息和完全判断这两个条件很难实现。

在一定程度上决策者的行为是具有理性的，对组织绩效的期望能够在多大程度上实现是以模型为基础的。西蒙专门区分了完全理性和有限理性，认识到每种可能出现的结果都是理性的来预测的。但是现实中，在进行处理多数决策时，通常情况下人们具备的知识和能力是有限的。同时，做出的某种选择及其结果也可能是不能够预知，即使能够预知结果的情况下，它们也通常是以概率形式而不是确定的形式表达。因此，实践中决策者的有限知识使完全理性流于空谈。

进行理性决策的另外一个条件，也就是完全判断的能力，同理也是很难成立的，个人或组织的目标往往是多样性、相关性很强、模糊的。即它们一般是复杂的目标系统和目标集。满足某个特定目标就会与其他目标相冲突，而组织的目标可用来作为判断各种方案的优劣办法，它本身又是组织内利益相关者目标的集合。不同成员的目标所占的份量是不可能相同的，甚至在特定的环境和时刻，它们是互不相容的。因此，认为结果的满意度要根据不同的个人或组织的利益进行评价，这种观点表明决策实际上是满足最低可接受要求的过程而非产生最大化收益的过程。在有限信息的基础上，西蒙将这种足够好的解决方案称之为满意性行为。

如上所述，决策行为包含有限的理性和满意度，而非实现满意最大化，这与古典决策理论中的完全信息和完全判断的观点是不同的。在现实决策行为中，有限理性和满意度分析方法则会更加有效。

3.1.2　期望效用理论

在更多情况下企业所追求的是企业规模的最大化，主要是由于企业规模的扩张可以使得企业家的综合效用最大化。企业选择何种规模，表明企业对待资源分配的一种选择态度，希望达到效用最大化。经济学中的效用理论可以详细分析企业——作为理性决策者的态度理论。

3.1.2.1　效用理论

效用理论（Utility Theory）是被用来分析研究决策者对待不同风险的态度的理论，自然包括规模风险性，有时也称之为优先理论。具体而言，效用理论是研究在各种商品和劳务之间，决策者如何来进行分配他们的收入，以达到最大化满足程度。运用这一理论可以解释，为什么需求曲线要向右下方倾斜。一般而言，考察决策者的行为，可以采用两种分析工具和方法：其一是运用以基数效用论为基础的边际效用来分析；另一种是运用以序数效用论为基础的无差异曲线来分析。在现代西方经济学界里，无差异曲线分析比较流行。决策理论把在第二次世界大战以后发展起来的各种理论，如系统理论、运筹学、计算机科学等理论，把它们综合运用于管理决策，形成了一个有关决策过程、准则、类型及方法的比较完整的理论体系。决策理论已形成了以诺贝尔经济学奖得主赫伯特·西蒙（Herbert Simon）为代表人物的决策理论学派。决策理论是有关决策概念、原理、学说等的总称。“决策”一词通常指从多种可能中作出选择和决定。决策理论是在系统理论的基础上，吸收了行为科学、运筹学和计算机科学等研究成果而发展起来的。主要代表人物是美国人西蒙，其代表作为《管理决策新科学》。西蒙因其在决策理论、决策应用等方面作出的开创性研究，而获得 1978 年诺贝尔经济学奖。

企业被假定为以理性经济行为追求自身利益的当事人。理性决策者的经济行为表现为，在外在环境既定的条件下，根据自身目标和有限资源做出最优选择。在这一过程中，企业决策者会受到两种相反力量的激励和制约：一方面，为了自身的满足，尽可能多地消费或拥有物品；另一方面，决策者的收入或者获取收入的手段是有限的。因此，决策者的最优选择就是要把有限的收入合理地用于不同的物品，以便从消费物品中获取的“利益”最大化。所以，对决策者最优行为的理论考察要分析决策者获取物品的动机、收入约束及实现目标的条件。

Friedman，savage（1948 年）① 分析决策行为可以看作决策行为的研究的开端。而决策行为的理论渊源可以追溯到更早的预期效用理论（Expected Utility Theory）。预期效用理论又被称为“VNM 效用理论”或“伯努利原则（Bernoulli Principle）”是 John von Neumann 和 Oskar Morgenstern 在 1944 年其著作《博弈理论和经济行为》中提出创立的，此后经由 Luce、Raiffa 、Arrow 以及 Pratt 等人对预期效用理论不断的发展完善。预期效用理论通过效用最大化模型考虑了所有决策因素，并将这些因素分为内生变量、外生变量作为随机变量，如此构建一个包含了不确定因子和偏好因子的整体理论分析框架。

预期效用理论的假设前提是决策者偏好的完整性、可传递性和连续性。完整性表示决策者信息完备，可以来对所有的备选方案进行比较。但是偏好的可传递性是指对于任何三种组合 A、B、C，假如决策者对于 A 的偏好大于 B，对于 B 的偏好大于 C，那么，结果是在 A、C 这两个组合中，决策者对于 A 的偏好大于 C。偏好的连续性表示偏好所代表的效用具有递增或递减作用。例如，决策者对于组合 A 的偏好大于 C。则在组合 A 和 C 之间必然存在任意的 B，其偏好大小也必然介于 A 和 C 之间。效用理论的

① Friedman，Milton and Savage，L. J. Utility Analysis of Choices Involving Risk ［J］. Journal of Political Economy，1948，56（4）：279 – 304

前提是效用最大化原理，决策者偏好选择的最终目标一定是效用最大化的偏好组合。

VNM 效用理论针对行为人个体面对的各种“情景”，提出了一系列的解决公理。通过推理分析，预期效用理论提出了决策者的效用函数 U（R），该函数是一个“序数效用函数（Ordinal Utility Function）”。这样，决策者对各种组合进行估算，对其结果赋予统一衡量标准的效用值，实现运用预期效用理论的效用最大化来衡量取得管理者偏好效用最大的决策。假如某决策者的效用函数为：$U(R)=\alpha R-\beta R^2$，α 和 β 都是大于零的常数。则该决策者的预期收益为 $E[U(R)]=\alpha E[R]-\beta E[R^2]$，也可以表示为 $\alpha E[R]-(\beta E[R^2]-\beta E[R^2]-\beta E[R^2]$，其中 $E[R^2]-E[R^2]$ 可以表示为 $V[R]$ 即收益 R 的方差，则该决策者的预期收益变为 $E[U(R)]=\alpha E[R]-\beta V[R]-\beta E[R^2]$。由此看出，决策者为取得决策效用最大化，一方面将对 R 预期收益 $E[R]$ 进行比较，另一方面还对 R 的方差 $V[R]$ 进行比较。最终偏好选择 $E[R]$ 高而 $V[R]$ 低的决策方案。而假如预期收益不变，决策者则对方差进行比较，方差越小表示预期收益越大。所以，预期收益不变，收益方差最小的方案是决策者的偏好选择。管理人（或决策人）的有限度的理性准则对于企业经营管理决策具有相当的客观性、可行性和较强的现实意义。

3.1.3　协同效应理论

协同效应（Synergy Effects），简单的理解，就是我们常说的“1+1>2”的作用。效率理论主张，企业合并的动机是改进管理效率或者形成协同效应。所谓协同效应，是指在两个企业合并成为一个企业之后，现在企业的产出比原来的两个企业分别的产出之和还要大的情况，也就是“2+2=5”效应。协同效应一般包括管理协同效应、营运协同效应及财务协同效应等。[①] 管理协同效应是指在管理方面，高效率的公司合并低效率的公

① 于·弗雷德·威斯通．兼并、重组与公司控制［M］．北京：经济科学出版社，1989，84-87

司，以使被合并企业能够达到管理高效率水平。营运协同效应也被称作营运经济，按照经济上的互补原则，当两个或两个以上的企业合并成为一个企业，可以降低成本、增加收益的效应。如某个企业在研究与开发（R&D）方面有优势，但在市场营销网络方面没有优势；而另一家企业在市场营销方面有优势，但在研究开发与技术的能力较差。如果这两家企业并购成为一家公司就可以发挥各自的优势，降低成本，增加收益。存在紧密分工的上、下游企业间的并购也可以提高营运效率。财务协同效应理论认为，合并动机来源于财务方面。一类企业资金雄厚且没有良好投资机会，另一类企业资金短缺且具有良好投资机会，这两类企业选择并购就会产生财务协同效应，减少筹资成本，提高资本效益。

对规模经济进行理论溯源时，需要承认马克思对协同效应理论所做的贡献。一方面，在社会化大分工和企业内部分工之间的区别方面，马克思比古典经济学家更清楚，所以在企业内部由分工而导致的协作与规模经济之间的关系方面，比起其他任何人，马克思论述更有力量；另一方面，因为古典经济学家把企业内的分工与社会分工之间相互混淆了，所以在分析规模报酬方面，他们没有从协作角度考虑，而社会分工是依靠市场来联系的，在市场竞争环境中，难以观察到私有生产者之间的“协作”精神。马克思论述的协同理论比古典经济学家论述的分工理论会更好地来说明规模递增的起因，结果为规模经济理论添加了崭新的内容；最后，马克思不但论述了当企业占有资本额的不断增加时，劳动协作的发展过程是：从简单协作逐渐发展到向以分工为基础的协作及以机器体系为基础的协作，而且还论述到由于机器设备的使用所产生的规模经济。

通过以下方面分析了协作劳动比分散的个体劳动所具有的优越性：

第一，通过协同劳动能够抵消掉每个劳动者在劳动能力上具有的差异，使企业具有了平均性质的劳动能力。而平均性质的劳动，为企业提供了收益递增的基本保证。对于个体劳动者而言，其作为资本家来进行生产，同时使用很多的工人，一开始就实施社会平均劳动，这时才会完全实现价值增值的规律。

第二，通过协同劳动能节省劳动资料。在协同劳动过程中，部分生产资料，如机器、厂房、照明设备等被共同消费了。一方面共同消费使这些生产资料的利用程度大大提高了，因而不能增加它们的价值；另一方面共同来使用生产资料的规模即使增大了，但是不会根据消费它的人数的比例来增加。所以，虽然劳动方式不发生改变，又使用较多的工人，也会在劳动过程的物质条件方面引发革命。

第三，协同劳动不但提高了个人劳动生产力，而且创造了一种新的生产力使个人劳动根本不可能达到。很多人在一起协调地进行社会生产劳动，这并不等于单个劳动的简单相加总和，它可以创造一种新的生产力，这种集体力量是单个劳动的力量所达不到的。

第四，协同劳动能够把每个人的劳动作为总体劳动的一部分，分别代表劳动过程中的不同阶段，因为协同劳动，劳动对象就能够很快地通过这些阶段。同时，协作还能够使许多人同时在空间上从各种方面对劳动进行加工创造。

第五，协同劳动能够振奋精神，使工作的效率提高。许多人在一起协作劳动生产，精神状态就会活跃，并激发劳动者之间的竞争心和好胜心，从而提高了劳动者的工作效率。

第六，协同劳动不但能够使劳动的空间范围扩大，还能够相应地使生产领域在空间上缩小。即在劳动范围扩大的同时，因为协作关系而使劳动者密集在一起，使劳动不同过程相互靠拢，使生产资料积聚一起，这样就会使相对劳动空间缩小，达到节约非生产费用的目的。

因为企业“太大”而使两类问题不能同时得到有效解决，是一个总被提及且仍然争论不休的问题。曾一度认为随着企业规模的扩大，管理或协调会成为一种“固定因素”从而减少利润回报而增加运营成本。这种概念隐含着以下常识的推论，即由于人的能力有限，行为的一致性需要被明显限制在可能范围内的“一心一意的”指导。然而，有限的个人能力会限制企业规模的推论并没有得到事实的支持——至少这种支持没有以清晰可辨的方式体现。现在看来，这种“一心一意”似乎很有可能通过沿袭过去某种适当的组织形式得以实现，而掌管这一组织的人也继承既往，秉承共同的传统，彼此适应并适应于这个组织，因而他们建立了一个在一片广阔的区域内具备足够一致和效率的实体，使得当中任何个人不必了解和直接指导他的具体工作。企业能够在不损害企业基本团结的情况下，以一种非常规的管理决策方式，通过大量不同人作出的真实判断来调整其管理结构。

经济领域的大企业会因规模的臃肿、官僚主义产生低效及管理无能，使其不能有效地与小企业竞争，也不能因此走向分裂。相反，大企业表现的很成功，而且没有证据表明，当他们有足够的时间针对扩大的规模而对其管理工作做出适应性调整时，他们还会管理无效。管理组织的分权手段已经发展到一个很好的阶段，管理中心的任务显然不是试图了解和经营整个组织，而是对一小部分关键领域进行干预，给组织设定"基调"。经营控制主要通过账目手段加以实施，并且将协调任务置于一个完全不同的框架内，当然有时也会允许使用的机械化技术参与实行。

显然，企业的发展壮大并不会使其失去效率，但是随着规模的增大，管理职能和基本管理框架都将会经历影响其"机体"性质的基础性变化。非常大和非常小的企业的管理结构存在着多方面的不同，使人很难看出二者具有同根性。他们之间的同根性是因为其都完成相同的职能，当然他们肯定是以不同的方式完成的，这些方式的差别可能会大到需要考虑在何种意义上才能将这些企业都称为产业性企业。

3.1.4 规模限制理论

企业的最佳规模是在企业给定产品情况下平均成本曲线中最低点所对应的规模，限制一家企业规模的问题就成了在企业相关成本收益约束下既定产品或产品系列所生产的数量问题。

均衡分析要求防止资源配置方式中单个"企业"产出的无限扩张。完全竞争市场中的企业模型，产出限制被假定为随着单个产品的额外数量被生产出来后，生产单个产品的成本必须上升；在垄断竞争的企业模型中，这一限制会通过收入随着更多产品的出售降低而得到部分实现。如果没有这种给定产品产出的限制（在此背景下，这意味着企业规模），那么静态理论中的“均衡点”就不会存在。

因此，不论那些特殊理论的具体框架如何，经济学家们已经注意到管理局限（导致长期生产成本增加）或市场局限（导致销售收入降低），或能给企业规模带来限制的不确定前景（由于弥补风险的需要而同时引起扩大产出时的成本增加和扩大销售时的收益减少）。[①]

整个问题已经成为许多争议的源头，尤其是管理上的不经济是否引起长期成本上升的问题更是争议的焦点。需要建立一下认识：管理必须被视作“固定元素”，而且这一“固定”特质必须被视作与协调管理工作的特质有关；然而，这种认识的建立并不令人满意，相反，许多经济学家已经放弃了这项工作，转而依靠其他规模限制理论。[②]

市场限制企业规模的理念继承了企业与既定的产品息息相关以及一组特定的市场决定着企业扩张的可能性的假设，然而，如果这一假定被抛弃，就是在研究另一不同的“企业”概念，不同类型的分析可能会更合适。在这另一不同的企业概念下，人们会发现，只要有适当的可用资源，一个企业可以为可发现的或可创造的需求生产任何东西。此时，再谈到市场或将企业本身的资源视作限制其扩张的理由，都只会是一个喜好或顺便提及。对给定产品的需求曲线可以被假定下斜的事实并不意味着来自其他投资需求单元的预期净收入会减少。净收入可能会随着投资增长及其带来的总生产的增长而增长。说一个非生产特定产品的企业的扩张受限于需求，亦即在说该企业没有生产出可以盈利的产品。这当然并非企业的理论所认为的，原因很简单，彼“企业”非此企业。

作为限制规模的不确定性或风险概念的引入不仅仅蕴含了这样的

---

① M. Kalecki, The principle of Increasing Risk, Economica Vol. IV (New Series), Nov. 1937, pp. 440 - 447

② E. H. Chamberlin, Proportimality, Divisibility and Economies of Scale. Quarterly Journal of Economics, Vol. 7, NO. 2, Feb, 1948. pp. 229 - 262.

事实，即企业的成本和收入预算反映了企业对未来运作过程的期望，这些期望的不确定性程度也随着产量增长（因此也增加了损失的风险）而增加，因此，必须考虑到不如所愿的可能性，但这并不会改变分析的实质。

3.2　基于不同视角下的企业规模理论分析

3.2.1　基于企业成长视角下的规模理论

企业成长的思想可以追溯到古典经济学，这些经济学家们发现企业成长的关键性原因来源于分工导致的规模经济利益。也就是说，在企业中的劳动生产作业既使劳动生产效率得到了很大的提高，又使企业的生产规模得到了扩大，二者同时满足；反过来又更加使企业的分工协作得到深化，形成循环运动，结果企业的成长还是通过企业规模经济得到根本的实现。最早在著述中涉及企业成长思想的当属古典政治经济学的开创者亚当·斯密，在他的经济学著作《国民财富的性质和原因的研究》中，第一章开篇第一句写到："劳动生产力上最大的增进，以及运用劳动时所表现的更大的熟练技巧和判断力，似乎都是分工的结果。"斯密的论述，劳动的专业化和分工合作导致规模报酬递增的情况，如同市场中一只看不见的手，在这种情形下，企业能够得以存续和扩大规模，以及国民的财富得到增长。

从斯密以后，在企业成长思想研究方面，约翰·穆勒和艾尔弗雷德·马歇尔等古典经济学家作出了更多的分析探讨。对于企业成长理论的研究，约翰·穆勒关注于企业的规模和成长的关系，穆勒说，企业规模经济对资本产生需求以及企业规模经济自身的作用，导致企业成长的演变方向表现为大企业取代小企业，整个企业成长理论就是企业的规模经济理论。

在如今古典经济学中，在企业成长问题方面进行比较全方位研究的是艾尔弗雷德·马歇尔，他的《经济学原理》就是一部关于古典的伟大著作，堪称企业成长理论思想之精髓，从企业规模经济论、企业的市场结构和企业家理论等三个方面对企业成长理论进行了阐述分析。在《企业的成长理论》中，彭罗斯是一个彻底的非均衡主义者，认为企业总可以从一种非均衡状态到达另一种非均衡状态，而在这一过程中实现成长。还认为企业成长总是来自企业内部资源的不平衡的驱动。她还特别强调了管理的重要性，认为只有管理的服务供给才能使得企业的资源真正转变成企业成长的资源。此外，传统经济学着重研究企业处于不同状态具有不同的优势，而企业成长论认为，企业从某一状态向另一状态的变动本身就可能蕴涵着优势，这一研究思想是对传统经济学执著于企业成长的静态规模经济问题的超越。

3.2.1.1 规模经济理论对企业成长的指导作用

当许多古典和新古典经济学家解释企业要成长原因时，他们给出的答案通常是企业为了追求规模经济。在20世纪全球范围内发生几次企业兼并浪潮，经济学家们通常用“对规模经济的追求”来解释兼并浪潮发生的动因。企业成长必然是与规模相关的问题，也必然要思考规模的有关决策问题。所以，规模经济理论和规模本身，都有助于企业成长理论。

（1）确定企业的规模范围。

规模经济理论告诉我们，企业的规模并非越大越好，而是有一个规模的范围，企业没有在这个范围内生产经营，必然不利于企业的竞争、盈利与投资效益。企业规模与效益之间存在着密切的相关性，规模选择不当，就会影响企业生产经营收益，以致无法实现企业投资收益的要求。因此，企业在投资生产经营规模的决策过程中，必须充分考虑规模经济理论的要求，选择合适的企业生产经营规模，以求得最大经济效益，并且能够响应获得竞争力。

（2）考虑市场需求对规模的影响。

企业的生产规模反映了企业可以提供给市场的供应能力，但这种供给能力充分体现要看市场对其需要的容纳状况。如果市场上对企业生产的产品需求量较大，则企业规模可考虑大一些，反之，则企业规模就不能太大。企业生产的产品数量会影响到产品的市场价格，而市场价格与企业盈利水平之间的相关性很强。所以，企业进行生产规模决策时，不仅要考虑规模经济对生产成本的影响，而且要考虑市场对该产品的需求。

（3）企业成长的“质”与“量”。

从“质”与“量”两个角度来审视企业的成长和发展。质的成长表示企业能力的提高和增长；量的成长表示企业规模的扩大。通过许多企业的发展过程来看，企业的成长变化过程总是表现出企业规模扩大和能力提高相互统一的同向增强的过程。

现代企业质的成长与量的成长被认为是动态地互相促进、互为条件的。在一方面，质的成长表现为量的成长的基础和条件。企业能力的提升和增长，表示企业内部更加倾向优化资源配置。如果不存在长期稳定的优化资源配置机制，那么企业就不能够取得长期稳定的规模的增长。尤其在如今企业之间的竞争，在表面上表现为产品和市场的竞争，而背后实际上是企业核心能力的竞争。在另一方面，量的成长表现为质的成长的前提条件，被认为是质的成长的目的和体现。如果没有量的成长（如没有企业利润的增长），企业就不能积累进一步成长的资本，那么质的成长就失去了物质基础保证。例如，我国一些企业陷入“亏损——无力进行技术创新投入——无法跳出亏损”的恶性循环圈。量的成长也是质的成长的目的之一，比如企业不断把资金投入到研发部门，为了追求更多的利润，寻求高投资回报率。

引人注意的是，在企业成长的某个阶段过程中，企业的量的变化和企业的质的变化并不一定是同方向进行的，有时甚至是相反方向的变化。例如，IBM 通过将自身的 PC 业务进行剥离，把获得的资金用于发展核心业务，虽然规模变小了，但是核心能力得到了增强和扩展。可是，从长远来看，企业的量的变化和质的变化是同向的发展变化过程，大都是趋向于相互匹配过程。总之，企业成长过程是企业发展变化中量的变化和质的变化的统一过程，是企业发展变化的综合性结果。

3.2.2 基于一体化理论视角下的规模理论

企业一体化理论和企业边界理论是有关联的。而在理论上看，企业一体化与古典的规模经济是不同的，一体化理论是通过组织交易成本角度来考虑企业的规模（边界）问题；而规模经济理论是通过企业的规模收益角度来思考企业规模问题。

3.2.2.1 企业一体化的含义

19世纪末期，以美国为代表的西方国家发生了第一次企业并购浪潮，并购多发生在经营相同产品的企业之间，企业开始追求横向一体化经营。20世纪20－30年代，西方国家再次发生企业并购浪潮，这次并购主要发生在有纵向联系的企业之间，企业转向追求纵向一体化效应。可见，企业界对一体化的认识与运用的时间很早，然而理论界对企业一体化研究的时间要晚得多，原因在于经济学家们对企业这一微观经济主体的研究很少。新古典微观经济学中的企业理论（应该说是厂商理论）没有说明企业产生的原因，也没有解释企业意义，而是在给定条件下关于企业的生产决策理论，它主要研究在给定技术情况下，探讨不同生产要素的最优组合和给定资源时不同产品产量的最优组合，因而是一种生产理论。真正的企业理论研究始于科斯，在1937年他发表了经典名作《企业性质》，开始从交易费用的角度来思考企业的边界问题，并解释了企业一体化产生的原因。

企业一体化包括两个方面的内容：横向一体化和纵向一体化。科斯认为：当过去由两个或更多企业组织的市场交易变成现在由一个企业来组织时，就会出现联合；当所涉及一系列市场交易活动的由一家企业组织起来时，这便是一体化。企业能以这两种方式中的一种或同时以这两种方式进行扩张。

3.2.2.2 企业一体化的原因

当我们问一个企业管理者为什么要进行一体化时，他可能回答，追求规模经济，或是避免向其他企业支付利润额。以上问答都可能是企业一体化（尤其是纵向一体化）或者企业扩张其边界的原因。

事实上，企业扩张边界与否的选择问题是企业是否利用市场机制的问题。如果企业利用市场机制的成分多一点，那么企业就不会轻易进行一体化，在完全的市场上，生产要素在“看不见的手”① 作用下会达到最优配置，但对一家现实中的企业来说，“看不见的手”的作用远没有这么大。企业购买一种生产要素（如零部件）时，选中生产要素不是在“看不见的手”作用下进入企业的，而是企业积极寻找的结果。企业在寻找和购买生产要素和过程中是要发生成本费用的，也就是说，企业利用市场机制不是免费的，而是有交易费用的，这些费用包括搜寻交易信息、谈判及履行合约所需的监督而支付的费用。

企业不仅在市场上的交易是有成本的，而且在企业内部的活动也是有成本的。因此，企业是否进行一体化，也就取决于这两个成本的比较。如果一笔交易通过企业内部的管理和计划来组织所花费的费用低于通过市场机制来完成所花费的费用时，该笔交易将倾向于以企业内部计划的方式来完成，即企业实行一体化，以内部计划机制取代市场机制。总之，企业一体化的过程，也就是边界扩张的过程。而企业扩张与否取决于完成一笔交易的企业内部交易费用与市场交易费用的比较：当企业内部交易费用低于市场交易费用时，企业倾向于扩张；当企业内部交易费用等于市场交易费用时，企业将停止扩张；当企业内部交易费用高于市场交易费用时，企业非但不扩张，而且倾向于收缩。

所以，在科斯看来，企业一体化的抉择过程实际上是企业权衡利用市场的成本与企业内部组织交易成本的过程，无论如何，企业都会选择一种对生产要素最优的使用方式。

3.2.2.3　企业一体化与企业成长

无论横向一体化，还是纵向一体化，它们的结果都是企业扩大了规

① 钱德勒．看不见的手：美国企业的管理革命［M］．北京：商务印书馆，1987.

模，在一定程度上说明了企业的成长。企业成长不仅指企业规模扩大，而且意味着企业效益的增进。然而企业效率与规模之间的关系是相当微妙的。正如奈特所说：“从本质上讲，就一个工厂的效率与规模之间关系而言，其在相当程度上与其说是取决于智力的一般原理，不如说是取决于个人人格和历史机遇。”虽然奈特认为科学地分析企业规模的决策是不可能的，但是科斯用企业管理能力这个工具解决了企业一体化的问题。

科斯指出，管理能力强的企业，组织一项交易时，所发生的成本就比较低，因此这样的企业容易趋向于采取一体化成长方式。反之，管理能力弱的企业，组织内部交易不如利用市场交易的成本低，它们也就趋向于利用市场机制。一个规模大、效益好的企业，肯定是个企业管理能力强的企业。企业之所以会停止一体化进程，在于企业对管理能力的利用已经到了尽头，再增大企业规模就会出现“管理收益递减”的现象，企业一体化将得不偿失。需要指出的是，随着社会的进步、经济的发展和科技水平的提升，尤其是网络经济时代的到来，企业外部的市场交易费用有大幅度下降的趋势，在这种情况下，企业扩张或者企业一体化的决策不得不慎重考虑网络经济所带来的新变数。

3.2.3 基于竞争优势理论视角下的规模理论

竞争优势是指在市场竞争过程中，企业在市场占有率、利润水平或增长率等方面超越了竞争对手，其相对处于有利的位置。反之，企业在市场竞争中比竞争对手落后，称之为竞争劣势。如果企业之间势均力敌，那么企业就是竞争均势。一个企业能在市场竞争中赢得竞争优势，其根源在于该企业内部具有某种相对于竞争对手更强大或独特的资源和能力。迈克尔·波特在《竞争优势》一书中说：“竞争优势归根结底出自于一个企业能够为其客户创造的价值，所采取的形式或是以低于其竞争厂商的价格而提供相等的收益，或是所提供的非同一般的收益足以抵消其高出的部分价格。”①

核心能力能够为企业带来持久的竞争优势。通过对拥有的某种关键资源进行开发利用，企业就能够在市场上逐步确立竞争地位，当竞争对手也开发出该项资源的替代品或通过某种途径得到了该项资源，那么原厂商的竞争优势就会逐步衰退，整个过程通过图 3－1 中的 $A_1Q_1B_1$ 曲线来表示。从普遍意义上说，伴随着某一特定的关键资源而来的竞争优势的持续时间被缩短了，要想使竞争优势持续到尽可能长的时间，方法只有一个：利用核心能力不断地创建新的关键资源。如图 3－1 所示，虽然单项关键资源所能够带来的竞争优势可能时间持续并不长，但是不停地利用核心能力创建新的关键资源，在整体上企业获得了的持续竞争力。如图 3－1 中的 Q_1Q_n 表示。所以我们说，企业的核心能力被称为关键资源创建过程中的加速器，可以缩短关键资源的创建时间，不断地创造新的资源，企业就运用所具备的核心能力，获得相对持久的竞争优势。

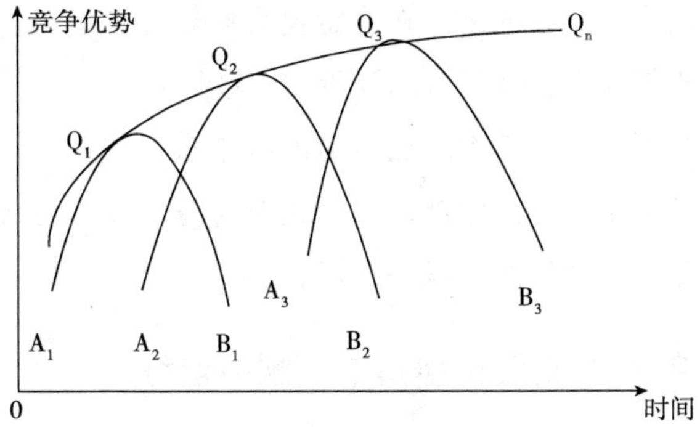

图 3－1　持续竞争优势的创建过程

有效竞争是规模经济和竞争活力两者有效的协调起来的一种竞争状态，由美国经济学家 J M 克拉克提出，他承认规模经济的作用，同时也认识到规模经济可能导致垄断，所以必须引入竞争机制来打破垄断。

① 迈克尔·波特，竞争优势，华夏出版社，1997，第 2 页

竞争力是企业赢得成功的唯一武器。企业竞争的形式很多，竞争的手段也很多，但最后决定胜负的根本是企业的竞争力。通过规模经济对企业竞争力的贡献，可以看到：当企业达到规模经济时，不但能够使成本降低，提升成本优势，而且也使企业具有差异优势。原因是，当企业的资产规模达到一定程度时，才能够进行企业研发、服务、广告等活动，而且企业的生产规模和市场规模足够大，才可以分摊、消化这些的产生费用，来达到使单位产品成本降低和使顾客价值上升的目的。对于费用昂贵的高新技术产品研发，需要企业具有更高的产品特色与服务，能够使产品寿命周期迅速缩短，这些能够体现企业价值的成本优势和差异优势的价值活动，需要利用企业的内部规模经济和外部规模经济来支持。也就是说，企业竞争优势能够通过规模经济获得众多因素的支持，竞争优势也表现得更强大和更持久，这些都可以迅速提升并维持企业的综合竞争力。

就某一产业来说，规模经济还直接决定了进入该产业的壁垒的高低。当产业的规模经济越突出，进入壁垒也越高。原因是进入的企业刚开始就需要生产规模巨大，并且原来的在位者也会对新进入者进行强烈抵御。规模经济还能够直接使买方和卖方的议价能力进行商榷。

总之，能够影响或支撑企业竞争力的因素有很多种，规模经济却始终是企业竞争力的重要基础。因此，追求企业自身的规模经济也成为现代企业提升与维持竞争力的重要手段和目标。

3.2.4 基于企业文化视角下的规模偏好

3.2.4.1 企业文化视角下规模偏好的动因

作为企业家愿意追求更大的企业规模，主要是源于下述原因：

第一，企业规模越大，企业家的薪酬水平越高。通常而言，如果在行业和地区等其他因素相同或相近的情况下，企业规模越大，那么作为管理者的企业家薪酬水平就会越高。国内外的研究结果表明，企业高层管理者的收入与企业规模呈正相关关系，与企业的销售收入（也可作为企业规模的代理指标）呈正相关，但是与公司利润相关性并不显著（Meguire、Chiu 和 Elbeing，1962）；企业经理薪酬和企业规模之间呈现显著的正相关关系（Joscow、Rose 和 Andrea ，1993）；高级管理人员拥有股份数量和公司业绩并不存在“区间效应”，高级管理人员的报酬水平与企业规模存在显著的正相关关系，但与其所持股数量呈现负相关关系（魏刚，2000）；在我国的上市公司里，经理人员的年度报酬与企业业绩并不存在相关性，却与企业规模相关性很强，并表现出明显的地区差异（李增泉，2000）；通过研究上市公司高管的任职状况、报酬结构与企业绩效之间的关系发现，经营者年薪、持股比例和经营绩效受到资产规模、行业特性、区域范围、股权结构等影响（谌新民、刘善敏，2003）；高层管理者薪酬和企业绩效、国有股控股比例呈现负相关，与高管拥有股份比例、公司规模呈正相关（李忠民、翟蓓和武增海，2006）；还有研究结果显示，高级管理人员薪酬的高低和公司规模呈显著正相关关系，在企业里的第一大股东控股比例越高，高级管理人员薪酬越高（王景军，2009）。

第二，如果企业规模越大，就越有利于提高企业家的在职消费水平。当企业规模扩大时，企业家所享有的在职消费水平无论是在绝对水平还是相对水平都会不断的提高，理由有如下几方面：一方面，企业规模越大时，它的内部监督机制的实际效果就会减弱，从而给企业高管提供在职消费便利。另一方面，规模较大的企业特别是国企，往往会受政府领导的关注较多。通常对企业来说，要想能够得到政府的帮扶或重视，一般都必须与政府高层保持紧密联系。最后，当企业规模扩大时，必然伴随着大规模筹资、投资、采购销售和库存等，这就表示对外交往和交际的机会必然要增加，同时会有利于提高在职消费水平。

第三，企业规模越大，越有利于提升企业家的成就感和价值感。一般而言，当企业规模增大时，企业家就可以在社会上享有更大的知名度，手里具有更多的资源，具有更强大的人际关系网络，就会在一定程度上满足其虚荣心、价值感和自我成就感。还比如说企业规模越大，越有助于企业知名度、话语权和影响力的扩大，还有利于企业规模经济、范围经济、技术创新和学习曲线效应的实现，进一步使市场竞争力得到提升，有助于实现企业价值最大化，股东财富最大化等股东的目标。企业家在每种场合公开宣称的主张，诸如成长、发展、扩张、规模扩展经营、产品多元化等，这些都表明了企业家对规模偏好的价值追求。

3.2.4.2 企业文化视角下规模偏好的理论基础

当企业规模越大，社会影响力越大。按照马斯洛的需要层次理论，企业家做为企业主人，人力资本价值比一般人都高，更渴望实现自我价值，进而在社会拥有更高的地位和更大影响力。规模较大的企业和管理者，因为在市场上控制的资源较多，对社会经济生活有较大影响，会受到来自公众、政府和媒体等方面更多地关注。由于规模偏好而形成的意识形态上的价值诉求，其理论根源有：员工归属感和成就感。员工的工作倦怠程度与企业规模有关，小企业员工的倦怠程度比中型规模企业员工要高，更远远高于大型企业的员工。一般来说这是因为一定程度上，企业规模反映了分工程度、社会地位和社会归属感的高低等方面，因此，换个角度也能够看出，当企业规模越大，员工的工作成就感和归属感也就越高。①

“经济人”（economic man）又称“理性—经济人”、“实利人”或“唯利人”。而这种假设最早是由英国经济学家亚当·斯密（Adam Smith）提出的。他论述经济诱因是人的行为动机根源，人都要获取最大的经济利益，工作目的就是为了获得经济报酬。所以，需要利用金钱权力和组织机构的操纵和控制，目的让员工服从并为此效力。该假设理论起源于享乐主义，再受到19世纪合理主义的影响而形成的，是雪恩在《组织心理学》中提出的。此假设主张，人所做的一切活动都是为了最大限度地满足自己的利益需求，而工作目的是为了获得经济报酬。从“经济人”到“社会人”到“自我实现人假设”再到“复杂人”，对人性的认识是不断攀升的。

从马斯洛的需要层次理论到赫茨伯格双因素理论，再到麦克雷兰成就

① 芮明杰．管理学－现代的观点［M］，上海人民出版社，2005.

需要理论，无疑不是体现人的内心需求活动。马斯洛的需求层次理论为其他理论的提出奠定了基础，因此，该理论成为最著名、最经典的激励理论。例如，马斯洛理论把需求分成生理需求、安全需求、社会需求、尊重需求和自我实现需求五类，依次由较低层次到较高层次。这些需求理论和激励理论成为人们的行为活动动机和来源。

3.3 企业双重边界的二维视角——规模边界与能力边界

3.3.1 企业边界的子边界：规模边界和能力边界的提出

在企业的成长过程中，一直表现的规模扩大和能力提高现象，它们是相互促进和同向增强的。由此可见，企业具备双重边界：其一是规模边界——表示企业的经营范围和规模；其二是能力边界——表示企业的能力的聚集。企业的双重边界在互动扩张时，能够促进企业持续成长和发展。

企业边界指的是在企业成长时体现的效率的限度或者范围，从外在看是企业有效率的经营范围和规模，从内在本质上就是企业拥有的能力大小特别是核心能力的大小，实际上，企业拥有的资源和能力对企业的成长进行限制和制约，企业的竞争优势由核心能力来决定。

企业边界在一方面体现是有形的，从外在上表现了企业的经营范围和业务规模；在另一方面体现是无形的，从内在上表现了企业能力的大小。这两方面对企业成长的作用同等重要。伴随企业的成长和发展，扩张了企业具有的范围和规模，增长了企业拥有的资源和能力。能力边界限制了企业范围和规模扩张，在能力边界得到扩展后，又会进一步扩张企业的规模边界，企业规模得到扩张反过来促进能力的发展和提高。

3.3.1.1 规模边界的三个维度

企业的有形边界——规模边界，指的是企业经营活动的范围大小和规模的大小，是企业边界的外在表现形式。企业规模边界的整体扩张或收缩，表现在横向、纵向和多元化方向这三个具有正交关系的维度上的综合。

（1）横向边界。

横向边界是指企业某一种产品产量的大小。如果企业扩大某种产品的横向边界，那么就表示企业扩大了这种产品的产量，或者增加了其产品的规格和品种，同时表示提高该产品的市场份额以及改进它的技术水平。企业扩大产品的横向边界能够引起规模经济。规模经济表示企业规模的收益递增现象。当产品产量增加时，在专业化分工、学习效应和协同效应的影响下，企业的平均成本将得到降低，就出现了规模经济现象。目前理论和实证研究具有非常多不同意见，但是一致认为在制造业的大多数行业里，确实存在一定程度上的规模经济现象。

在企业规模边界扩张中横向边界起着重要的基础作用，表现在如下几个方面：在初始时期，任何企业的扩张都是单纯的横向边界扩张；扩大横向边界有助于培养企业的核心竞争力；扩张横向边界不仅是扩张纵向边界的基础也是扩张多元化边界的基础①。

（2）纵向边界。

纵向边界是指在某一种产品的纵向链条中，由企业完成的生产环节或生产阶段的集合。企业在生产产品或提供服务时会关联到很多活动，这些活动从原材料获取到最终产品的分配和销售的过程，被称之为纵向链条（Vertical Chains）②。为了将投入以产出形式转化出来，企业要明确哪些属于纵向链条上的活动应该由企业内部完成，哪些活动可以在市场上购买或交给市场完成，即要确定企业的纵向边界。企业能够通过纵向一体化（Vertical Integration）方式来扩大自己的纵向边界，纵向一体化是在投入产出关系下的相邻两个生产阶段来合成的过程。如果技术和市场环境相对稳定的条件下，纵向一体化是企业进行规模扩张的相对有效的方式。

---

① 尹义省．企业多元化成长的分类与基本原则［J］．企业管理，1997（7）：88－93.

② 王颖．供应链联盟与纵向一体化比较研究［J］．经济师，2006（7）：30－32.

(3) 多元化方向边界。

多元化方向边界表示企业经营的所有产品或服务的种类。当企业发展时，适当地向其他行业进行扩张是企业用来增强自身竞争力的重要战略方式。多元化经营方式属于现代工商企业的特征，属于大企业尤其是跨国公司的生存方式。多元化方向边界扩张属于一种关于多产业的扩张。美国第一个在数量分析基础上来研究企业多元化经营问题的学者戈特（Gort）说明，多元化表示企业产品的市场异质性（Heterogeneity）。他主张的市场异质性是不同于同一产品的细微化差别。所以，多元化定义可以这样阐述，即指企业的产品或服务跨一个以上产业的经营方式或成长行为。

规模边界三个维度之间的关系如下图：

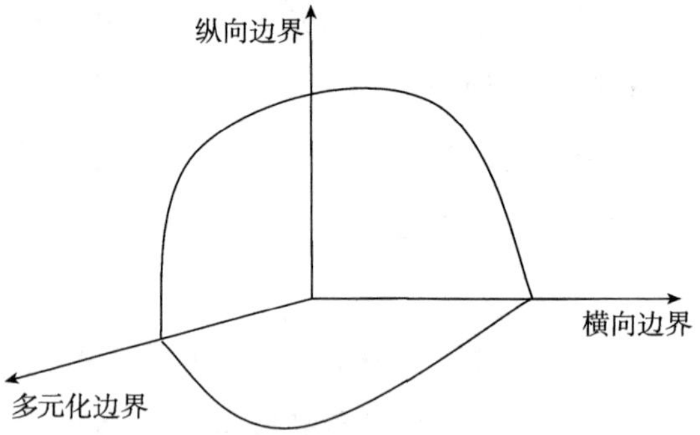

图3-2 规模边界的三个维度

3.3.2 规模边界的“归核化”趋势和“虚拟化”趋势

3.3.2.1 规模边界的“归核化”趋势

20世纪60-70年代，许多大型企业都追求纵向一体化，在所有权上由企业自己控制整条价值链或者价值链的多个环节，包括从原材料、零配件、产成品到销售的整个过程。然而80年代以后，企业的纵向边界发展呈现出相反的趋势，越来越多的企业开始通过“外包”、“外购”“分立”等手段减少其纵向链条上的经营环节，企业纵向边界小型化趋势明显。这种现象恰恰是纵向一体化的逆过程，即把价值链中的一部分置于企业的所有权和控制之外，以外部市场交易取代企业内部交易。它与“内部化”相反，是“外部化”的过程。从产品价值形成的价值链看，企业控制的价值增值环节减少了，企业的纵向边界缩小了。

企业的纵向边界缩小的同时，其横向边界呈逐渐扩大的趋势。随着核心能力理论的兴起，越来越多的企业开始意识到加强核心业务、提高核心竞争力的重要性，企业的横向化发展趋势不断增强。以前有很多企业都是“大而全，小而全”的模式，其横向规模远远没有达到规模经济的要求。现在很多企业剥离了非核心业务，开始集中资源发展少数具有比较优势的核心业务，提高专业化业务，这极大地降低了企业的成本，提高了核心竞争力。从目前西方国家企业的发展趋势看，出现了越来越多的大规模横向并购，强强联合。

从多元化发展的趋势看，越来越多的企业放弃了非相关多元化经营方式，多元化的业务类型向核心业务回归。更多的企业开始奉行以核心能力为平台的相关多元化。传统企业进行多元化扩张往往不注重核心能力的建设和培育，企业多元化的产业布局往往贪“大”求“全”，这样很容易分散企业的优势资源，使企业在主营业务上投入不足。考察当代多元化经营成功的著名企业，发现他们有一个共同点，就是围绕核心能力进行相关多元化扩张。

3.3.2.2　规模边界的“虚拟化”趋势

企业规模边界变化的另外一个现象是：首先，通过收购、合并和重组等手段，跨国公司和集团公司实施企业扩张战略，它们的实体边界不断在扩大；其次，更多的企业在缩小它们实体规模的同时，又通过非资本的纽带，扩大企业外部的关系网络相当于扩大了虚拟边界。在产权基础上变动而引起的边界的改变，其表现为两种方式：一种运用兼并、重组或合并等产权交易方式或股权控制行为导致企业规模的扩大；另一种通过资产剥离（Sell – Offs）、股权切离（Equity Carve – Outs）和分立（Split – Offs）等分拆行为引起企业规模缩小。

除了这种产权交易引起的企业实体边界的变化，企业通过组建虚拟企业、战略联盟等非资本的外部联系网络扩大企业的“虚拟边界”变得越来越盛行。与产权因素引发的企业边界变动不同，该企业边界的变动主要是建立在市场契约和关系资本的基础上，重视资产的使用权却不是控制权，企业可以跨组织边界利用外部资源，因而企业边界模糊，可称其为虚拟边界。

产权式边界和虚拟式边界并非完全对立，有时会共存于同一个企业之中。企业在产权或股权控制基础上建立合作关系，同时也在契约和信任基础上建立合作关系，而两种边界可以在同一企业共存。通过企业规模边界的发展趋势，观察到企业在不断巩固核心业务和剥离非核心业务，使得其实体边界增大或减少，企业都希望同外界建立起合作关系，也就是说虚拟式企业边界呈现出扩大的趋势。

3.3.3　企业双重边界的匹配及动态演进

3.3.3.1　企业双重边界的匹配

企业边界具有双重属性：一方面是有形的规模边界；另一方面是无形的能力边界。其中，能力边界是企业边界的本质形式，规模边界是企业边界的表现形式。企业的双重边界相互支撑，相互依存，能力边界决定了规模边界的界限，规模边界也同时制约着能力边界的发展。企业的能力边界是企业边界的本质属性，能力边界的大小制约着企业的发展和成长，同时也最终决定了企业规模边界的界限。企业的双重边界之间是相互影响的，企业的经营范围和规模大小在一定程度上制约着企业能力的发展。

一般而言，企业的规模边界越广，其发掘、整合内部能力的潜力就越大，也就是说，对现有能力进一步利用的余地就越大。企业的规模边界越广，其与外部的接口就越宽，接触到的外部机遇与影响也越大，但是与现有能力的深化相比，新能力的创建成本更高，风险也更大。因此，与小规模企业相比，大规模企业特别是能力基础广泛的大型多元化企业，往往倾向于采取深入利用现有能力和内部化的方式来扩张能力边界①。

格兰特（Grant，1996）指出，当企业所从事的生产活动都有核心能力支撑，而所有的核心能力都能够有效应用于生产活动时，企业的效率达到最优②。这实际上指出了企业的规模边界和能力边界的最佳匹配状态，这时，企业的效率是最优的。然而，在现实中，这种最佳的匹配通常是不存在的。从企业发展过程中各个静态时点看，企业规模大多与其能力大小不相匹配，表现为两种状态：

（1）规模边界大于能力边界，即企业所拥有的知识及由此形成的核心能力往往不足以支撑其开展的全部活动；促使企业进行规模扩张的诱因往往相当复杂，有时为了追求某种战略目的或某种短期利益，即使在缺乏充分能力支持的情况下，企业也会进行规模扩张。一般来说，内部动因（如追求规模经济和范围经济，利用剩余资源等）引起的规模扩张的同时，能力也会得到同步增长，而外部动因（如市场吸引力、分散风险等）在导致规模扩张后，由于其能力在短期内不会得到显著提高，而容易引起规模边界大于能力边界的现象。

在这些情况下，企业过度扩张的领域并不具备相应的核心能力，甚至连竞争能力也不具备。根据企业能力理论的观点，企业很难从这些生产活动中获取竞争优势或超额利润。除此之外，规模的扩大不仅会带来管理成本上的上升和动态效率的损失，对没有能力的相似业务同时进行管理，还可能会由于缺乏专业化而导致各项能力的发展受阻，甚至可能会使企业丧失能力而陷于竞争劣势。③ 现实经济中，很多企业在盲目扩张之后，往往会由于缺乏能力支撑而重新收缩规模。

（2）能力边界大于规模边界，即企业拥有的知识、技术等并没有完全

---

① Barton. D. L. Core Capabilities and Core Rigidities：A Paradox in Managing New Product Development［J］. Strategic Management Journal，1992（13）：25 – 111.

② Grant R. The Resource – based Theory of Competitive Advantage Implications for Strategy Formulation［J］. California Management Review，1996（33）；3 – 114

③ Dorothy L. B. Core Capabilities and Core Rigidities：A Paradox in Managing New Product Development［J］. Strategic Management Journal，1992（13）：111 – 125.

应用于生产活动，存在剩余的资源或能力。一般来说，企业的能力边界大于规模边界的状态不会持续很久，因为企业的本性是追求利润，当存在剩余资源和能力时，企业很快会通过市场交易将之出售或出租，或者通过扩大规模边界，使之应用于生产活动。

企业的双重边界不相匹配必然导致企业的效率低下，企业能力理论的研究已充分证明了这一点。这会促使企业通过各种手段调整规模边界或能力边界的大小，以实现双重边界的重新匹配。在这样的背景下，就出现了业务外包、资产剥离、企业并购或联盟等企业边界收缩或扩张的复杂现象，如下表所示：

表 3－1　双重边界的匹配与企业边界变动

双重边界的不匹配状态	匹配途径	方式	企业边界的变动表现
规模边界大于能力边界	收缩规模边界	剥离非核心活动	外包、分立
	扩大能力边界	开发、培养所需能力	兼并、收购、知识联盟
能力边界大于规模边界	收缩能力边界	出租或出售剩余能力	特许经营、贴牌生产
	扩大规模边界	运用剩余能力	多元化扩张、横向扩张

3.3.3.2　企业双重边界的动态演进与企业发展

我们从长期和动态的成长角度分析双重边界在企业成长中的互动扩张过程。要分析双重边界在整个过程中的变化规律，首先要搞清楚规模边界和能力边界与企业成长之间的关系，如图 3－3 所示：

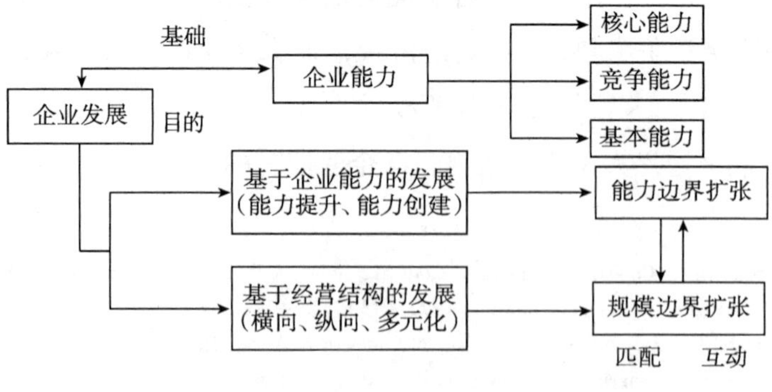

图 3－3　能力边界、规模边界与企业成长关系模型

（1）企业能力既是企业生存和发展的基础，又是企业成长的结果和目标。在日趋激烈的市场竞争中，企业稳步成长的最终决定力量体现在企业的内部，即企业的资源能力。

（2）企业成长过程的本质是企业承担更多任务、处理更加复杂问题的能力，能力边界的发展是企业得以成长的本质体现。

（3）善于经营结构的发展是企业的重要成长模式，这将直接导致企业规模边界的扩张，体现为资产的增加、销售额的增长等。企业成长从长期来看是一种规模边界不断扩张的过程，规模边界的不断扩大是企业获得成长的最直接体现。

（4）从许多企业的成长经历来看，企业的成长过程总是表现为企业规模扩大和能力提高相统一的同向增强过程。企业的能力边界和规模边界必须实现良性的互动扩张，企业才能获得持续发展。

从长期来看，企业能力的增强是推动企业规模扩张的关键因素，企业进行规模扩张的根本动因是对剩余资源和能力的运用。随着企业通过各种内部或外部方法培育和开发企业能力，企业能力边界的扩张将超越其规模边界，这在降低企业成本的同时也会产生扩大规模边界的内部张力，表现为通过兼并和收购等途径转移过剩的生产力，或者对其原有的“惯例”进行复制，推动企业规模边界的扩张。① 但是，如果在技术扩散过程中，其他企业通过创新或模仿也形成了类似的核心能力，那么企业原有的核心能力就成为可替代、可竞争甚至是行业必备的能力，这时企业真实的能力边界就可能缩小，这时，企业的规模边界也就可能相应收缩。如果核心能力可以衡量，在核心能力扩大一倍后，其规模边界扩大将超过一倍，核心能力收缩一倍，其规模边界收缩同样超过一倍，其原因在于核心能力的辐射和扩散效应，类似经济学中的“乘数”概念。② 若不存在其他制约因素，企业的成长是加速的成长，其衰亡也是加速的衰亡。

---

① Penrose. E. T. The Theory of The Growth of The Firm [M] . Oxford: Basil Blackwell, 1959: 57 -95.

② 刘咏，陈荣耀. 能力本位与企业成长战略 [J]。经济与管理研究，2001 (4): 63 -66.

企业的规模边界扩张与企业能力之间存在着互动的关系。一方面，随着企业能力的发展，产生的过剩能力决定了企业基于能力的边界扩张；另一方面，企业规模边界的扩张也能拉动能力的发展。

3.4　企业规模经济的有效路径理论分析

3.4.1　并购与企业规模经济的关系

企业规模经济是企业并购活动的动因，我们说企业规模经济主要是通过并购来实现的。原因之一是，当今社会经济环境下企业的规模经济是和并购紧密联系在一起的；原因之二是，站在规模的角度上看，并购的出发点和落脚点并不是一致的，导致企业出现规模经济后果，也可能出现规模不经济后果。在市场经济条件下，根据企业成长方式，从产业经济运行的角度，把企业并购区分为横向并购、纵向并购和混合并购，是企业并购历史和现实中表现出来的三种最基本的并购类型。这三种并购类型与规模经济的关系如下所述：

第一，横向并购和规模经济的关系。在相同领域内生产同类产品或能够互相替换的企业之间形成的并购，属于横向并购，它能够导致直接的规模经济。在实际中，企业实施横向并购是有先决条件的，不仅应有实施企业规模经济时企业内外部提供条件支持，而且该企业的产品应具备较高的市场份额，在顾客或厂商心目中知名度较高，市场需求量大，同时其它企业的产量满足不了市场的需求。这时根据合并同类项原理，就会产生出良好的规模经济后果。当在行业内竞争激烈的条件下，优势企业可以实施横向并购，也能达到消除竞争对手，从而导致规模化生产经营的后果。反之，如果并购企业不具有企业内外部的支持条件，在行业内不属于占优企业，同时面对竞争对手是比自己强大的垄断企业，这时不顾后果追求横向并购，进行规模扩张，就会出现规模不经济现象。

第二，纵向并购和规模经济的关系。为了实现规模经济，纵向并购中的企业也必须具备企业内外部条件的支持，不然就会进入规模不经济的陷阱。另外，为了实现规模经济，纵向并购中的企业，需要凭借纵向一体化时企业的有效管理方式和联结机制来实施。由于企业纵向并购时可以使市场交易费用降低，用企业内部的管理活动来替代市场部分活动，是“另一只看得见的手”①，所以有助于规模经济效应的实现。在许多前向和后向一体化的企业之间纵向并购曾经非常流行。然而，在实施纵向并购时企业使市场交易成本降低，实现一定程度的规模经济（或范围经济）时，由于使企业规模的扩大化，后果引起内部组织管理的复杂化，其管理成本上升很快，形成规模不经济现象。这说明企业的纵向一体化发展是有限的。当纵向并购后的企业组织管理成本超过市场交易成本，实施纵向一体化则进入规模不经济的陷阱。实际中，实施了纵向并购后的企业，通过有限责任公司的形式，凭借全资、控股、参股等手段的企业集团形式，来减少企业内部组织管理成本，同时使市场交易费用降低来实现规模经济，这是一种有效的制度安排，也是避免在实施纵向并购时出现规模不经济的有效组织形式。

第三，混合并购和规模经济的关系。为了实现规模经济（范围经济），混合并购中的企业也必须具备企业内外部条件的支持。如内部支撑条件：技术与工艺条件、资本规模、企业家能力；外部支撑条件：市场规模、市场范围、产业及产品差别、资源及运输条件等等。另外，为了实现规模经济，混合并购中的企业，凭借主导产品的规模优势，使并购对象囿于相关生产经验范围之内，来共同利用设备和研发机构、品牌、商誉、营销网络等这些无形资产，以此实现范围经济效应。但是，当主导产品不具备实施规模经济的前提下，盲目实施混合并购来追求生产经营的多样化，使经营范围越宽泛，就越会进入规模不经济（范围不经济）的陷阱。

---

① 小艾尔弗雷德·D·钱德勒，看得见的手：美国企业的管理革命，商务印书馆，1994.

总体而言，不管是生产单一产品的工厂制企业，还是生产不同产品的、包含多个单一产品的现代公司制企业，企业之间的并购、整合途径，都是有助于企业的生产规模和经营规模，从而出现规模效益。并购出现在单一产品工厂制企业之间，根据同类项合并法则，使企业资产得到补充、调整，以求获取最佳规模经济效应；通过扩大单一产品的生产规模，可以实施专业化生产，使成本得到降低。如果在从事多种产品生产经营的公司制企业间进行横向并购，以工厂为例，增加主导产品的生产，扩大经营规模，降低了成本，增加收益；还能够减少管理和研发等费用，降低"购"和"销"等方面的费用，来获取规模收益。纵向并购也就是发生在连续生产阶段工厂制企业间的联合，能够使由于专业化分工导致的生产流程的分离问题得到解决，归入统一工厂内，从而使生产过程中产生的各种耗费减少，避免时间浪费，提高生产效率。当在主导产品规模经济基础上实施纵向并购，凭借纵向调整，使市场交易费用节约，从而实现规模经济效应。

3.4.2　资本运营与企业规模经济的关系

马克思指出："在其它条件不变时，商品的便宜取决于劳动生产率，而劳动生产率又取决于生产规模。因此，较大的资本战胜较小的资本。"①无疑，这是对于规模问题非常科学的表述。

3.4.2.1　资本和资本运营的含义

20世纪90年代，资本运营这一新名词在我国出现。随着我国改革开放的不断深入，市场经济的不断完善，越来越多的企业认识到资本运营的重要性。资本运营已经成为企业实现快速增长、发展壮大的重要手段和途径。资本运营，其研究的对象就是资本及运营。因此，资本运营的前提是资本，先论述资本的含义。

《新帕尔格雷夫经济学大辞典》把资本界定为两类：一类是作为一种

① 马克思，资本论（第1卷），人民出版社，第687页

生产要素的资本；另一类是作为社会关系的资本。① 从生产的角度看，古典经济理论认为生产有三要素：土地、劳动和资本。每一种生产的生产要素有其自身范围：土地是存量，劳动是流量，而资本是以资本货存量形式存在的货币资本。作为社会关系的资本又可以分为两种：作为个别的社会关系的资本与作为占统治地位的社会关系的资本。

所谓资本运营，就是把资本的价值增值当作目的，把价值管理作为手段，对资本及资本运营所进行的运作和经营的方式。资本运营对于市场经济条件下社会资源配置很重要，它是凭借资本层次上的资本品流动来实现资源优化配置的。显然，资本运营就是凭借市场法规，利用资本的运作与经营活动，来实现资本的价值增值的目的。

3.4.2.2 资本运营分类

根据资本运营对企业规模的影响来进行分类。资本运营分为扩张型资本运营、收缩型资本运营和整合型资本运营三种，具体如下：

（1）扩张型资本运营模式。

扩张型资本运营表示在目前的资本结构下，通过内部积累、追加企业投资、兼并收购、联营、托管等方式，来扩大企业的资本规模。按照扩张时所关联到的领域不同，一般可分为横向资本扩张、纵向资本扩张和混合资本扩张。横向资本扩张就是指交易双方都是在同一产业或同一部门内，有相同产品或相似产品，想达到规模经营目的而进行的产权交易。横向资本扩张不但减少了竞争者的数量，增强了企业的支配能力，而且当市场的有限性和行业整体生产力不断扩大时，二者产生的矛盾得以解决。纵向资本扩张表示进行交易的企业或者不同产业的部门，其处于生产和经营不同阶段，来直接进行投入产出的产权交易。混合型资本扩张表示两个或两个以上的企业，当它们之间没有直接的投入产出关系，没有技术经济联系时，所进行的产权交易，混合资本扩张能够降低风险，提高企业对市场适应能力。

---

① 约翰·特伊韦尔，默里·米尔盖特，彼得·纽曼．新帕尔格雷夫经济学大辞典（第一卷）［M］．北京：经济科学出版社，1996：356－365

（2）收缩型资本运营模式。

收缩型资本运营指的是，为了追求企业价值最大化提高效率，企业把自己拥有的部分资产、子公司、某部门或分支机构转移到公司之外，分配持有子公司的股份，缩小企业的资产规模，或者回购公司以前发行的股票来缩小资本规模。收缩型资本运营与扩张型资本运营是相反方向的操作，例如，剥离掉不适应公司发展战略的资产抛售给第三者，使亏损的子公司分立出去等方式。

（3）整合型资本运营模式。

整合型资本运营是指为了优化资源配置，企业对资产结构、资本结构所进行的调整，所进行的内部重组及外部交换活动，不把改变资本、资产规模作为目的，比如有资产置换、股权置换、买壳借壳上市等方式。因为置换发生在等价交换的情况下，通常来说，在转换前后的资产和产权的数量一般不会发生变化。

3.4.2.3　资本运营与规模经济的关系

企业作为运用资本进行生产经营的主体，是资本存在、资本增值和资本获取收益的客观载体。企业对社会生产经营活动进行组织管理，本质上是对企业资本进行的运筹与规划，所有企业的生产经营都来源于资本运营的实施，资本运营是为了企业生产经营活动服务。资本运营是有利于企业规模的扩张。资本运营要求在最大的程度上支配和使用企业资本，凭借较少的资本来调动更多的社会资本。此过程中，企业不但能够运用自身内部资源，利用内部资源的优化组合来达到资本增值的目的，同时还能够运用兼并、收购、参股、吸收投资等有效方式，实施资本扩张，把企业的内外部资源结合起来进行优化配置，使资本集中和生产规模扩张，从而实现规模经济效应，发展壮大企业的实力。

规模经济理论对企业的资本运营具有借鉴和启示作用：利用兼并的方式使企业生产经营规模扩大，不但能够增加产出，而且可以降低生产成本，从而使企业获得规模经济效益。规模经济理论是指在某一段时间内，企业产品产量增加，产品的单位成本下降。兼并不但能够扩大经营规模而且能够降低平均成本，增加企业的利润，即兼并可以在两个层次上实现企业的规模效益。兼并带给企业的内在规模经济：利用兼并，能够对资产进行补充和调整；横向兼并，能够实施产品单一化生产，避免多种经营引起的不适应；纵向兼并，将多个生产流程归入统一的企业，可以节省交易成本。兼并带给企业的外在规模经济：兼并使企业整体实力增强，提高市场份额，可以提供全面化和专业化的生产服务，来更好地满足不同市场的需求。

资本规模最优原则，资本运营的目标之一是扩大企业的资本规模，实现企业资本增长。但是，规模扩大会增加内部管理费用，因而企业资本运营的规模并非越大越好，而应保持适度规模。只有适度规模，才能发挥规模经济优势，又能克服因规模增大而带来的成本增加。

3.4.3 资本积聚和资本集中与企业规模的关系

马克思认为，社会资本的积累是由个别资本的扩大来实现的。个别资本的扩大，不但依赖于资本积聚，而且依赖于资本集中。二者相互作用，以达到增大资本总额的目的。所以，现实中的积累就是通过资本积聚和资本集中两种途径和机制来实现的。大规模组织的产生与资本积聚和资本集中这两种积累的途径有着不可分割的内在联系。

所谓资本积聚，从一般意义上看，就是企业通过内部不断追加资本的办法实现自身规模的扩大，它是一个社会扩大再生产的基础。具体表现为社会生产资料和产品在单家企业手中的增大。为了资本积聚，一方面企业需要在内部提高劳动生产率，力求使自己的商品在使用价值和价值两个方面都比竞争对手具有优势；另一方面在企业外部需要通过各种竞争手段和策略来战胜竞争对手，使商品生产过程的优势转化为市场竞争优势，实现商品的价值和使用价值。通过这一过程的不断进行，企业的资本积累规模就会越来越大。但对单家企业来讲，资本积聚是受很多方面的条件和因素约束的。这种约束一方面表现为企业之间的市场竞争，因为“资本积聚主要表现为单个资本互相排斥”；另一方面还要从根本上受到生产力发展水平，科技进步水平以及社会财富增长程度等方面的限制和约束。

所谓资本集中，就是企业借助于外部资源和条件来实现自身规模的扩大，即马克思所说的“资本吸引资本的规律”。在实际中，资本集中一般都是具体通过横向、纵向以及混合的合并兼并、收购、参股控股等形式来实现的。通过这些形式，众多的小资本就会变成较大的资本，从而使个别资本迅速增大。一般来说，微观个体通过资本集中途径和机制而实现的大资本较之小资本有着很多竞争优势。大资本就可以进行大生产，能够采用高新技术，发挥规模经济优势、范围经济优势、技术革新优势以及其他方面的众多优势，从而在市场竞争中居于综合优势地位。从社会意义上讲，马克思认为，“通过集中而在一夜之间集合起来的资本量，同其他资本量一样，不断再生产和增大，只是速度更快，从而成为社会积累的新的强有力的杠杆。”① 诺贝尔经济学奖获得者施蒂格勒指出：“一家企业通过兼并其竞争对手的途径发展成巨型企业，是现代经济史上一个突出的现象。”“没有一家美国大公司不是通过某种程度、某种方式的兼并而成长起来的，几乎没有一家大公司主要是靠内部扩张成长起来的。”② 的确如此，在美国，南北战争期间和战后，一些资产阶级从巨额国债、土地投机和欺诈贸易中获取了巨大利益，产生了一些金融巨头，于是有了迅速的资本积累。在生产和资本集中的基础上，便开始产生了一些大规模组织。

---

① 马克思，资本论，第一卷，人民出版社，1975，686 - 687.

② 施蒂格勒，产业组织和政府管制，上海三联书店，1989，第 3 页 .

3.5 本章小结

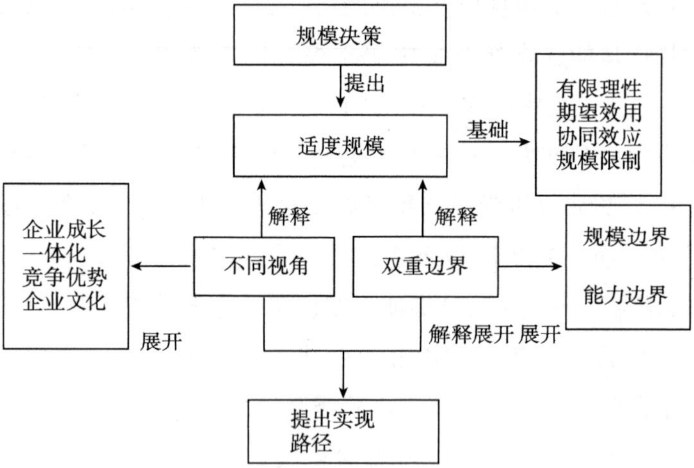

图 3-4 规模决策机理分析模型

本章主要揭示了企业规模决策理论机理分析。由图 3-4 可见，对规模的决策提出了适度规模，理论基础是有限理性，期望效用，协同效应和规模限制。对适度规模可以从四个不同的视角来解释，如企业成长，一体化理论，竞争优势和企业文化。企业的规模边界和能力边界的动态演进决定了适度的规模，在此基础上，提出了实现适度规模的路径。企业现实中，企业追求的是规模的效用最大化，主要是由于企业规模的大小可以使得企业家的综合效用最大化。根据有限理性原则和协同理论，只能是动态的适度规模。从许多企业的成长经历来看，企业的成长过程总是表现为企业规模扩大和能力提高相统一的同向增强过程，即企业成长总伴随着企业规模的变化。在企业成长中，规模经济和竞争活力两者有效的协调起来的一种竞争状态是有效竞争，规模经济可以提高企业的竞争优势。我们认识规模决策问题，不仅看到有形的实体规模，更要关注无形的意识形态的规模偏好，这是规模化全方位的很好深入了解视角。

现实中的企业并不是无止境的，而是有边界的，因此，本章提出了企业边界的双重子边界——规模边界和能力边界，它们共同匹配作用下，形成动态演进过程，控制着企业的边界，其中，规模边界具有“归核化”和“虚拟化”的趋势。企业一直在追寻形成适度规模的路径，保持可持续发展和实现竞争优势，本章提出了企业适度规模的有效路径，包括并购，资本运营，资本积聚和资本集中，为后面第五章提出的适度规模路径分析奠定了理论基础和做了充分的准备，在第五章中，对形成适度规模的路径给予实证检验。

第四章　企业规模偏好水平的综合评价

4.1　问题提出及研究思路

对企业规模而言，可以从投入和产出两个方面进行考虑：从投入角度看，涉及劳动、资本、土地等生产要素在企业的集中程度；从产出角度看，主要看产出水平，即产量与销售额，特别是销售额的大小。企业规模经济主要指通过企业规模扩大的途径，引起原材料购买、企业产品销售、经营管理等方面的成本下降、收益增加的现象。企业规模经济仿照企业规模，也可以从投入与产出两个角度来观察：从投入角度，可以把企业规模经济理解为在一定条件下企业平均成本下降；从产出的角度，可以把企业规模经济理解为在一定条件下企业平均产量递增。美国经济学家保罗·萨缪尔森认为：在许多工业生产过程中，当你把一切的投入量加倍时，你会发现，你的产出量不止增加一倍，这个现象叫“规模的收益递增”。① 因为规模经济学认为：生产规模与经济效益表现出很重要的函数关系。因此，本文根据企业的特征，选取企业的投入层面和产出层面两个维度的指标，构建了企业的规模偏好综合评价模型，采用主成分分析法对 2009－2012 年的企业规模偏好水平进行了综合评价，并通过实证研究检验了企业的固有特征对于企业规模偏好的影响。

---

① （美）保罗·A·萨缪尔森，威廉·D·诺德豪斯．经济学（上册）[M]．北京：首都经济贸易大学出版社，1996.

4.2　企业规模偏好水平的影响指标

规模化经营的实现受内、外部两方面条件的共同影响。在规模化经营的内部条件方面，对规模化的实现影响很大的重要因素是企业的管理水平，在企业管理中不仅涉及到技术性问题，还涉及到信息不对称问题。在规模化经营的外部条件方面，对企业的规模化实现影响很大的是一个国家的社会经济发展水平和市场容量，还有市场交易的效率的影响。一般来说，当在市场的制度层面上出现以下情况：企业的产权机制不明，信息不透明，法制执行力不强，市场不公开；在企业的基础设施上出现以下情况：运输路径减少成本贵，信息传递缓慢；两方面造成市场经营范围显得很小，市场的规模很难扩大，劳动分工、专业化和规模化失去了存在的基础。规模经济需要企业各种要素能够在适当的时间、适当的空间，以适当的方式组合起来，当企业规模越来越大时，这种组织工作的复杂性也随之提高，对管理的要求也就大大提高。所以，规模化经营还要求健全有效的企业治理结构。

4.2.1　企业投入层面的影响指标

企业的规模偏好特征首先体现在其企业的投入层面的管理决策中。因为企业的规模经济学认为：生产规模和经济效益表现出很重要的函数关系。结合已有的研究成果，在企业的投入层面的决策中，本文选取了企业的总资产和企业的管理费用率的角度来分析反映企业的规模偏好水平。本文选取的具体指标如下：

4.2.1.1 总资产

企业的增长在于企业投资的意愿，而投资又在于金融与产权等方面法律制度的发达程度。La Portaetal. ①全面比较了49个国家的法律制度，结果得出普通法系国家对投资者保护的最好，而法国大陆法系国家对投资者的保护最差，德国和北欧大陆法系国家对投资者的保护明显居于二者之间。这一研究结果后来被称作LLSV理论，成为从融资和投资角度研究企业规模决定的一个重要理论基础。企业的规模衡量方法一般有三种：销售额，企业从业人员数量，资产总额。本文选取总资产作为企业规模的代理指标，更加便于衡量现实意义。因此，选取的具体指标是：

ASSET：总资产。一般在数据处理中选用总资产的自然对数来衡量，使得数据更加规范和数据曲线形式上更加接近于正态分布曲线。

4.2.1.2 管理费用率

在企业的组织和管理生产经营活动中，管理费用是企业管理部门所发生的各项费用的总和。一般说来，管理费用在企业营业收入中占的比例（即管理费率）越低，表明企业的费用控制能力较强，企业的管理方面的效率较高。本文在管理费用方面采用的具体指标是：

MFR：管理费用率（management fee rate）

管理费用率是企业年管理费用与企业年收入之比。公式的比值越高，管理成本越高，投入的管理费用越高，而管理效率越低，则规模经济性越差。

4.2.2 企业产出层面的影响指标

企业的投入层面的指标，不能够单方面的影响到企业的规模经济性，必须联合企业的产出层面的指标，企业的投入指标和产出指标的两个层面

---

① La Porta, R, F. Lopez - de - Silanes, A. Shleifer, R. Vishny. Law and Tinance [J]. Journal of Political Economy, 1998, 106 (6): 1113 - 1114.

的共同作用，进而影响到企业的投入产出比值，即企业的规模经济性。因此，有必要选取企业层面的一些指标来评价企业的规模偏好水平进行评价。在企业的产出层面上，本文中主要选取了市场份额、资产负债率、净利润增长率、勒纳指数、流动比率、总资产、管理费用率七个方面来对企业的规模偏好水平进行评价。

4.2.2.1 市场份额

市场份额可以称之为市场占有率，在一定程度上，它反映了企业的竞争能力和获取利益大小的能力，是企业在市场上关键的一个指标。通常而言，市场份额表现出两个方面的特点：数量方面和质量方面。对市场份额而言，人们常常会想到的是市场占有率的大小，但在实际中，市场占有率的多少是市场份额在数量方面的特点，是在宽广度方面的具体体现，人们常说的市场份额数量也就是市场份额的大小。另外，市场份额还有内涵质量方面的特征，具体表现就是市场份额优劣的反映。

SHARE：市场份额

对于市场份额，本文采取上市公司的公司主营业务收入与行业主营业务总收入的比来表示。一般来说，市场份额越大，表明企业的竞争能力越强，盈利能力越大。反之，市场份额越小，表明企业的竞争能力越小，盈利能力越小。

4.2.2.2 资产负债率

资产负债率反映在总资产中有多大比例是通过借债来筹资的，也可以衡量企业在清算时保护债权人利益的程度。资产负债率这个指标反映债权人所提供的资本占全部资本的比例，也被称为举债经营比率。资产负债率是企业长期偿债能力，其强弱反映企业在财务上的安全和稳定程度的重要标志。

ZLR：资产负债率（asset - liability ratio）

资产负债率是企业负债总额和资产总额的比值，这指标主要是衡量企业利用债权人提供资金进行经营活动的能力，一般来说，资产负债率在50%至60%之间较好，50%至60%之间的资产负债率的企业有着较好的偿债能力和负债经营能力，但是资产负债率高于60%表明企业会有偿债危机。

4.2.2.3 净利润增长率

净利润是指利润总额减所得税后的余额，是当年实现的可供出资人（股东）分配的净收益，也称为税后利润。它是一个企业经营的最终成果，净利润多，企业的经营效益就好；净利润少，企业的经营效益就差，它是衡量一个企业经营效益的重要指标。净利润增长率代表企业当期净利润比上期净利润的增长幅度，指标值越大代表企业盈利能力越强。本文采取的具体指标：

NPGR：净利润增长率（net profit of growth rate）

净利润增长率数值是企业当期净利润与上期净利润之差与上期净利润之比值。

4.2.2.4 勒纳指数

勒纳指数通过对价格与边际成本偏离程度的度量，反映了市场中垄断力量的强弱。勒纳指数在0到1之间变动，勒纳指数越大，市场中的垄断力量越强；反之，竞争程度越高。在市场完全竞争时，勒纳指数等于0。

LENA：勒纳指数（Lerner Index）

勒纳指数一般采用企业的主营业务收入与主营业务成本之差与主营业务收入的比值来衡量。边际成本衡量起来较为困难。

4.2.2.5 流动比率

流动比率可以用来评价企业的短期偿债能力的重要财务指标之一，根据西方的经验，流动比率在2：1左右比较合适，属于正常范围。实际上，对流动比率的分析应该结合不同行业的特点、流动资产结构及各项流动资产的实际变现能力等因素。有的行业流动比率较高，有的行业流动比率较低，不可一概而论。

CR：流动比率（current rate）

流动比率表示流动资产与流动负债之比值。

表 4-1　企业规模偏好水平的指标体系

变量名称	代理变量	解释
总资产	ASSET	总资产的对数
市场份额	SHARE	公司主营业务收入与行业主营业务总收入的比
资产负债率	ZLR	长期偿债能力
净利润增长率	NPGR	当期净利润与上期净利润之差与上期净利润之比
勒纳指数	LENA	主营业务收入与主营业务成本之差与主营业务收入的比
管理费用率	MFR	年管理费用与公司年收入之比
流动比率	CR	流动资产与流动负债之比

4.2.3　企业规模偏好水平的综合评价方法

在实践中，为比较全面地、系统地分析问题，通常需要收集很多的变量数据，这就容易出现所选变量之间存在一些关联性的状况。而代表这些变量指标之间存在比较多的重复信息，因此，如果直接选用他们分析实际问题，不但会使得所构建的模型比较复杂，还可能会出现多重共线性的而造成错误的结论。因此，为了充分、有效地使用数据，在实证研究中通常会使用尽可能少重叠的新指标来代替原先的旧变量，并尽可能多地反映原来的旧变量所包括的信息。

本文选用的主成分分析法正是这样一种有效的、解决这类问题的统计方法，主成分分析法以数据信息丢失最小为原则，尽可能保留原来的信息，通过对多元数据进行最佳综合简化，实现对变量的简化降维，从而使问题更加简单和直观，在经济、社会等许多领域得到了比较广泛的运用。Karl Pearson（1901）首先提出了主成分的概念，之后 Hotelling（1933）将其推广到随机变量分析和研究中。本文使用主成分分析法综合评价中国上市公司的企业规模偏好水平。

4.3 企业规模偏好水平的分析评价及结果

4.3.1 样本选取和数据统计描述

鉴于企业在企业战略和经营决策中的核心地位和重要作用，结合中国目前的公司治理结构和公司经营实践，本节将“企业”的研究范畴主要界定为上市公司，力求准确地描述作为决策者的企业在经营决策中的实际情况。

企业的规模偏好水平并非是始终不变的，当企业的外界环境发生变化时，企业会根据自己所拥有的信息而对市场作出判断，企业的规模偏好也会随之改变。本文所考察的年份是从 2009 年到 2012 年，主要原因包括：一是中国上市公司于 2007 年 1 月 1 日起开始了新的会计准则体系，这就造成 2007 年前后的财务数据实际意义被削弱；二是在本文收集数据的阶段，2013 年的数据尚未得到完全公布，因此无法获取完整的数据；三是 2009—2012 年的上市公司的样本量已经足够支持本文的研究。

鉴于会计数据的可比性，本文选取上市公司为初始样本，然后对初始样本进行以下的依次筛选：首先，剔除金融、保险类的上市公司。这是由于金融、保险类的上市公司在经营特征和会计制度上具有独特性；其次，剔除数据不全，有缺失值的公司。

本文所选取的数据主要来源于中国证券市场会计研究数据库——国泰安数据库（CSMAR），而相应的缺失数据根据上市公司所公布的财务年报信息进行了补充。根据中国证监会颁布的《上市公司行业分类指引》（2001），将上市公司按照所属行业划分为 13 个大类。所选取样本的具体行业分布如下表 4.2 所示。

表 4-2　样本数据的行业分布

行业代码	行业命称	2009		2010		2011		2012	
		行业样本容量	样本比例（%）	行业样本容量	样本比例（%）	行业样本容量	样本比例（%）	行业样本容量	样本比例（%）
A	农、林、牧、渔业	36	1.99	31	1.72	42	1.94	43	1.79
B	采掘业	43	2.37	54	3.00	59	2.73	81	3.38
C	制造业	1061	58.52	1027	57.02	1284	59.42	1460	60.83
D	电力、煤气、及水的生产和供应业	69	3.81	76	4.22	78	3.61	79	3.29
E	建筑业	42	2.32	37	2.05	41	1.90	51	2.13
F	交通运输、仓储业	76	4.19	73	4.05	79	3.66	82	3.42
G	信息技术业	129	7.12	116	6.44	160	7.40	187	7.79
H	批发和零售贸易业	98	5.41	112	6.22	121	5.60	128	5.33
J	房地产业	103	5.68	140	7.77	141	6.52	141	5.88
K	社会服务业	61	3.36	65	3.61	77	3.56	83	3.46
L	传播与文化产业	16	0.88	23	1.28	29	1.34	35	1.46
M	综合类	79	4.36	49	2.72	52	2.41	52	2.17
合计		1813	100	1801	100	2161	100	2400	100

表 4.3 分别对 2009 年到 2012 年企业规模偏好的七个评价指标的数据进行了描述性统计分析。

表 4-3　企业规模偏好评价指标的描述性统计

指标	ASSET	SHARE	ZLR	NPGR	LENA	MFR	CR
年份	2009						
样本数	1813						
mean	9.369254	.0061356	.5586754	.6705904	6.03e+09	.1748467	2.07115
p50	9.309631	.0006298	.50345	.1341926	1.15e+09	.073716	1.317518

续表

指标	ASSET	SHARE	ZLR	NPGR	LENA	MFR	CR
sd	.5861772	.0250104	.8641735	5.865841	4.31e+10	1.299028	3.347932
min	7.366599	9.04e-08	.014459	-12.6502	362505.9	.002196	.003938
max	12.16159	.4560704	27.91991	199.7446	1.35e+12	38.26106	62.66845
年份	2010						
样本数	1801						
mean	9.44483	.006663	.5571215	5.34e+08	8.23e+09	.1752882	2.252509
p50	9.387736	.000651	.499529	9.62e+07	1.44e+09	.070528	1.354494
sd	.6031847	.0258618	.8510556	4.27e+09	6.15e+10	1.76572	4.015816
min	5.977325	2.55e-08	.010827	-2.7e+09	141673.5	.002763	.002382
max	12.21916	.4721015	18.93984	1.51e+11	1.91e+12	71.14006	88.72676
年份	2011						
样本数	2161						
mean	9.469667	.005553	.499575	5.01e+08	8.83e+09	1.110176	3.069191
p50	9.401124	.0004858	.471722	9.45e+07	1.47e+09	.072556	1.524825
sd	.5877103	.0233121	.6755105	3.94e+09	7.34e+10	45.49795	7.495596
min	6.825004	4.26e-08	.00708	-8.8e+09	8468.301	.002206	.002505
max	12.28274	.4607458	18.83753	1.46e+11	2.51e+12	2114.999	204.7421
年份	2012						
样本数	2400						
mean	9.48985	.005	.4763279	4.24e+08	8.98e+09	.1128302	2.870533
p50	9.420679	.0004054	.4485595	8.13e+07	1.42e+09	.080386	1.576278
sd	.5865812	.0215164	.568474	3.49e+09	7.71e+10	.2759968	4.712085
min	6.831203	4.90e-07	.011034	-1.0e+10	3480733	.002154	.011003
max	12.33623	.4572669	12.12736	1.31e+11	2.79e+12	11.63283	86.69965

4.3.2 评价各指标之间的 Pearson 相关系数

在本文中运用 stata12.0 软件，分别计算出了 2009 年到 2012 年所涉及到的企业规模偏好的七个评价指标之间的 Pearson 相关系数，如下表所示（表4-4，表4-5，表4-6，表4-7）

表 4 -4　2009 年企业规模偏好各变量之间的 Pearson 相关系数

	ASSET	SHARE	ZLR	NPGR	LENA	MFR	CR
ASSET	1. 0000						
SHARE	0. 4213 * * 0. 0000	1. 0000					
ZLR	-0. 0823 * * 0. 0005	0. 0114 0. 6290	1. 0000				
NPGR	0. 2865 * * 0. 0000	0. 5737 * * 0. 0000	-0. 0129 0. 5844	1. 0000			
LENA	0. 3345 * * 0. 0000	0. 7103 * * 0. 0000	0. 0045 0. 8471	0. 8704 * * 0. 0000	1. 0000		
MFR	-0. 1069 * * 0. 0000	-0. 0227 0. 3349	0. 1090 * * 0. 0000	-0. 0151 0. 5194	-0. 0136 0. 5618	1. 0000	
CR	-0. 1580 * * 0. 0000	-0. 0593 * 0. 0116	-0. 1658 * * 0. 0000	-0. 0212 0. 3675	-0. 0394 0. 0939	0. 0658 * * 0. 0051	1. 0000

注：在表中第一行表示各指标间的相关系数，第二行表示显著性水平，其中 * 代表相关系数 5% 的显著性水平，* * 代表为相关系数 1% 的显著性水平。

表 4 -5　2010 年企业规模偏好各变量之间的 Pearson 相关系数

	ASSET	SHARE	ZLR	NPGR	LENA	MFR	CR
ASSET	1. 0000						
SHARE	0. 4243 * * 0. 0000	1. 0000					
ZLR	-0. 1243 * * 0. 0000	0. 0141 0. 5499	1. 0000				
NPGR	0. 2971 * * 0. 0000	0. 5636 * * 0. 0000	-0. 0062 0. 7910	1. 0000			
LENA	0. 3201 * * 0. 0000	0. 7013 * * 0. 0000	0. 0056 0. 8121	0. 8574 * * 0. 0000	1. 0000		
MFR	-0. 1075 * * 0. 0000	-0. 0173 0. 4633	0. 0485 * 0. 0394	-0. 0088 0. 7075	-0. 0100 0. 6712	1. 0000	
CR	-0. 1730 * * 0. 0000	-0. 0617 * * 0. 0088	-0. 1626 * * 0. 0000	-0. 0266 0. 2586	-0. 0363 0. 1231	0. 2144 * * 0. 0000	1. 0000

注：在表中第一行表示各指标间的相关系数，第二行表示显著性水平，其中 * 代表相关系数 5% 的显著性水平，* * 代表为相关系数 1% 的显著性水平。

表 4-6　2011 年企业规模偏好各变量之间的 Pearson 相关系数

	ASSET	SHARE	ZLR	NPGR	LENA	MFR	CR
ASSET	1.0000						
SHARE	0.4164 * * 0.0000	1.0000					
ZLR	-0.0348 0.1058	0.0341 0.1132	1.0000				
NPGR	0.3010 * * 0.0000	0.5633 * * 0.0000	0.0010 0.9614	1.0000			
LENA	0.3002 * * 0.0000	0.6890 * * 0.0000	0.0166 0.4395	0.8658 * * 0.0000	1.0000		
MFR	-0.0858 * * 0.0001	-0.0055 0.7970	0.1850 * * 0.0000	-0.0031 0.8860	-0.0028 0.8956	1.0000	
CR	-0.1483 * * 0.0000	-0.0526 * 0.0145	-0.1615 * * 0.0000	-0.0234 0.2770	-0.0294 0.1722	-0.0087 0.6850	1.0000

注：在表中第一行表示各指标间的相关系数，第二行表示显著性水平，其中 * 代表相关系数 5% 的显著性水平，* * 代表为相关系数 1% 的显著性水平。

表 4-7　2012 年企业规模偏好各变量之间的 Pearson 相关系数

	ASSET	SHARE	ZLR	NPGR	LENA	MFR	CR
ASSET	1.0000						
SHARE	0.4200 * * 0.0000	1.0000					
ZLR	0.0286 0.1617	0.0503 0.0137	1.0000				
NPGR	0.2953 * * 0.0000	0.5785 * * 0.0000	0.0018 0.9306	1.0000			
LENA	0.2964 * * 0.0000	0.6945 * * 0.0000	0.0256 0.2101	0.8329 * * 0.0000	1.0000		
MFR	-0.2076 * * 0.0000	-0.0497 * 0.0149	0.1071 * * 0.0000	-0.0240 0.2393	-0.0290 0.1553	1.0000	
CR	-0.2308 * * 0.0000	-0.0735 * * 0.0003	-0.2409 * * 0.0000	-0.0305 0.1355	-0.0419 * 0.0400	0.0681 * * 0.0008	1.0000

注：在表中第一行表示各指标间的相关系数，第二行表示显著性水平，其中 * 代表相关系数 5% 的显著性水平，* * 代表为相关系数 1% 的显著性水平。

通过上述表 4 -4，表 4 -5，表 4 -6，表 4 -7 可见，本文所选取的企业规模偏好的七个评价指标之间均存在着比较普遍的相关性。

4.3.3　指标的处理和检验

因为本文所选取的对企业规模偏好进行综合评价的指标体系中所包含的七个指标都是正向化指标，因此不需要做正向化处理。

通过企业规模偏好评价指标的描述性统计表（表 4.3）可知，本文所选取的企业规模偏好的七个评价指标具有不同的取值范围。因此，为避免评价指标数值的数量级间的不同可能对实证研究带来的影响，本文使用 Z - score标准化方法对这八个评价指标进行标准化处理。具体处理过程如下：

$$x_i = \frac{x - \bar{x}}{sd}$$

其中，Xi 代表各企业规模偏好的评价指标在进行标准化处理之后的数值，X 代表各企业规模偏好的评价指标的原始值，$\bar{x}$ 代表各企业规模偏好的评价指标原始值的平均值，Sd 代表各企业规模偏好的评价指标原始值的标准差。

4.3.3.1　KMO 检验和 Bartlett’s 球形检验

在本文选取的企业规模偏好的七个评价指标进行主成分分析之前，首先进行 KMO 检验和 Bartlett’s 球形检验，以判断是否适合进行主成分分析。其中，Bartlett’s 球形检验一般用来确定所选取的指标是否彼此独立的一系列指标。如果 Bartlett’s 球形检验的统计量比较大，且对应的概率值小于所要求的显著性水平，就拒绝原假设，意味着可以做主成分分析；反之，就不能拒绝原假设，也就不适合做主成分分析。KMO 检验主要是根据变量之间的简单相关系数和偏相关系数进行比较的相对大小，从而来做对主成分分析的适合性进行衡量。KMO 统计量的取值范围在 0 和 1 之间。假如所有选取变量之间的简单相关系数的平方和远远大于偏相关系数平方和，KMO 统计量的取值就会非常接近 1；假如有选取变量之间的简单相关系数的平方和非常接近偏相关系数平方和，KMO 统计量的取值就会非常接近 0。一般而言，所选取的变量之间的相关性越强，KMO 统计量的取值就会非常接近 1，就越适合做主成分分析；所选取的变量之间的相关性越弱，KMO 统计量的取值就会非常接近 0，就越不适合做主成分分析。

Kaiser 对 KMO 度量标准给出为："0. 90 - 1. 00 为极好的（marvellous）；0. 80 -0. 89，可奖励的（mertorious）；0. 70 -0. 79，还好的（midding）；0. 60 -0. 69，中等的（medioere）；0. 50 - 0. 59，糟糕的（ miserable）；0. 00 - 0. 49，不可接受的（unacceptable）。按照 Kaiser 对 KMO 统计量的取值区间的分析可知：0. 50 是 KMO 统计量的取值是否适合做主成份的临界点，比较理想的 KMO 统计量的取值应该达到或者大于 0. 80。

表 4 -8 是本文所选取变量的 KMO 检验和 Bartlett' s 球形检验的输出结果。

表 4 -8　KMO 检验和 Bartlett' s 球形检验

		2009	2010	2011	2012
Kaiser - Meyer - Olkin measure of sampling adequacy		0. 6543	0. 6436	0. 6431	0. 6644
Bartlett' s 球形检验	Appox. Chi - Square)	4400. 14	4261. 16	5050. 71	5340. 23
	df	21	21	21	21
	sig.	0. 0000	0. 0000	0. 0000	0. 0000

从表 4 -8 中可以看出：从 2009 年到 2012 年的 Bartlett' s 球形检验的统计量分别是 4400. 14、4261. 16、5050. 71 和 5340. 23，由于 P < 0. 0000，都是显著的，这说明本文用来评价企业规模偏好的变量的数据都是来自正态分布的总体的特征；从 2009 年到 2012 年的 KMO 检验统计量的值分别是 0. 6543、0. 6436 、0. 6431 和 0. 6644。由此，根据 Kaiser - Meyer - Olkin 的度量标准，本文所选取的变量均是适合进行主成分分析和因子分析的。

4. 3. 4　主成分的提取

对标准化数据求出协方差矩阵或者相关阵，从而求出协方差矩阵的特征根和特征向量，根据累积方差贡献率达到 80% 的标准提取了四个主成分，表4－9，表4－10，表4－11，表4－12分别给出了2009—2012年的主成分初始特征值、方差贡献率和累积方差贡献率。

表4－9　2009年的主成分特征值和贡献率

Component	Initial Eigenvalue			Extraction sums of squared loading		
	total	% of variance	Cumulative%	total	% of variance	Cumulative%
1	2.67036	38.15	38.15	2.67036	38.15	38.15
2	1.17326	16.76	54.91	1.17326	16.76	54.91
3	1.12854	16.12	71.03	1.12854	16.12	71.03
4	1.02822	11.83	82.86	1.02822	11.83	82.86
5	.683941	9.77	92.63			
6	.408296	5.83	98.47			
7	.107379	1.53	100.00			

表4－9是2009年的主成分初始特征值、方差贡献率和累积贡献率的统计结果。第一主成分的特征值是2.67036，其方差贡献率是38.15%；第二主成分的特征值是1.17326，其方差贡献率是16.76%；第三主成分的特征值是1.12854，其方差贡献率是16.12%；第四主成分的特征值是1.02822，其方差贡献率是11.83%。可见，前四个主成分的特征值都大于1，且前四个主成分的累积贡献率达到82.86%，因此本文选取了前四个主成分，以便使得所提取的主成分尽量不丢失原来的信息。

表4－10　2010年的主成分特征值和贡献率

Component	Initial Eigenvalue			Extraction sums of squared loading		
	total	% of variance	Cumulative%	total	% of variance	Cumulative%
1	2.65258	37.89	37.89	2.65258	37.89	37.89
2	1.27246	18.18	56.07	1.27246	18.18	56.07
3	1.10242	15.75	71.82	1.10242	15.75	71.82
4	1.00495	11.50	83.32	1.00495	11.50	83.32
5	.634906	9.07	92.39			
6	.413954	5.91	98.30			
7	.11873	1.70	100.00			

表4－10是2010年的主成分初始特征值、方差贡献率和累积贡献率的统计结果。第一主成分的特征值是2.65258，其方差贡献率是37.89%；第二主成分的特征值是1.27246，其方差贡献率是18.18%；第三主成分的特征值是1.10242，其方差贡献率是15.75%；第四主成分的特征值是1.00495，其方差贡献率是11.50%。可见，前四个主成分的特征值都大于1，且前四个主成分的累积贡献率达到83.32%，因此本文选取了前四个主成分，以便使得所提取的主成分尽量不丢失原来的信息。

表4－11　2011年的主成分特征值和贡献率

Component	Initial Eigenvalue			Extraction sums of squared loading		
	total	% of variance	Cumulative%	total	% of variance	Cumulative%
1	2.63595	37.66	37.66	2.63595	37.66	37.66
2	1.25	17.86	55.51	1.25	17.86	55.51
3	1.06961	15.28	70.79	1.06961	15.28	70.79
4	1.01744	11.24	82.04	1.01744	11.24	82.04
5	.719163	10.27	92.31			
6	.424457	6.06	98.38			
7	.113681	1.62	100.00			

表4－11是2011年的主成分初始特征值、方差贡献率和累积贡献率的统计结果。第一主成分的特征值是2.63595，其方差贡献率是37.66%；第二主成分的特征值是1.25，其方差贡献率是17.86%；第三主成分的特征值是1.06961，其方差贡献率是15.28%；第四主成分的特征值是1.01744，其方差贡献率是11.24%。可见，前四个主成分的特征值都大于1，且前四个主成分的累积贡献率达到82.04%，因此本文选取了前四个主成分，以便使得所提取的主成分尽量不丢失原来的信息。

表4－12　2012年的主成分特征值和贡献率

Component	Initial Eigenvalue			Extraction sums of squared loading		
	total	% of variance	Cumulative%	total	% of variance	Cumulative%
1	2.64623	37.80	37.80	2.64623	37.80	37.80
2	1.28021	18.29	56.09	1.28021	18.29	56.09

续表

Component	Initial Eigenvalue			Extraction sums of squared loading		
	total	% of variance	Cumulative%	total	% of variance	Cumulative%
3	1. 15201	16. 46	72. 55	1. 15201	16. 46	72. 55
4	1. 024886	10. 36	82. 90	1. 024886	10. 36	82. 90
5	. 64835	9. 26	92. 17			
6	. 402302	5. 75	97. 91			
7	. 146009	2. 09	100. 00			

表4－12是2012年的主成分初始特征值、方差贡献率和累积贡献率的统计结果。第一主成分的特征值是2. 64623，其方差贡献率是37. 80%；第二主成分的特征值是1. 28021，其方差贡献率是18. 29%；第三主成分的特征值是1. 15201，其方差贡献率是16. 46 %；第四主成分的特征值是1. 024886，其方差贡献率是10. 36%。可见，前四个主成分的特征值都大于1，且前四个主成分的累积贡献率达到82. 90%，因此本文选取了前四个主成分，以便使得所提取的主成分尽量不丢失原来的信息。

4. 3. 5　因子载荷矩阵

因子载荷矩阵的因子载荷反映了变量和因子之间的线性关系密切程度。为了减少不同主成分之间蕴含信息的重复性，并使各主成分具有更加实际、具体的经济含义，本文在提取主成分后，选用方差最大正交旋转法对因子载荷矩阵进行旋转，从而得到2009－2012年的因子载荷矩阵，如下表4－13所示。

表 4 - 13　因子载荷矩阵表

年份	指标	主成分			
		1	2	3	4
2009	ASSET	0. 3454	-0. 0065	-0. 3950	0. 5060
	SHARE	0. 5153	0. 0148	0. 0373	0. 0281
	ZLR	-0. 0117	0. 7487	0. 1916	-0. 4317
	NPGR	0. 5338	-0. 0405	0. 1777	-0. 1867
	LENA	0. 5685	-0. 0153	0. 1590	-0. 1492
	MFR	-0. 0422	0. 2446	0. 7041	0. 6606
	CR	-0. 0716	-0. 6144	0. 5032	-0. 2517
2010	ASSET	0. 3501	-0. 2362	-0. 3258	0. 5892
	SHARE	0. 5148	0. 0367	0. 0383	0. 0648
	ZLR	-0. 0154	-0. 2062	0. 8524	-0. 0613
	NPGR	0. 5332	0. 1373	0. 0931	-0. 2333
	LENA	0. 5649	0. 1281	0. 1028	-0. 1970
	MFR	-0. 0454	0. 6026	0. 3354	0. 6723
	CR	-0. 0813	0. 7085	-0. 1844	-0. 3157
2011	ASSET	0. 3413	-0. 0446	-0. 4478	0. 4850
	SHARE	0. 5144	0. 0136	0. 0166	0. 0385
	ZLR	0. 0139	0. 7031	0. 0218	-0. 5338
	NPGR	0. 5409	-0. 0256	0. 1812	-0. 1505
	LENA	0. 5669	-0. 0116	0. 1799	-0. 1556
	MFR	-0. 0197	0. 5512	0. 5065	0. 6533
	CR	-0. 0667	-0. 4460	0. 6906	-0. 0687
2012	ASSET	0. 3526	-0. 3030	-0. 3516	-0. 3581
	SHARE	0. 5183	0. 0437	0. 0444	-0. 0177
	ZLR	0. 0415	-0. 5634	0. 4910	0. 5990
	NPGR	0. 5292	0. 1869	0. 1262	0. 0879
	LENA	0. 5547	0. 1712	0. 1388	0. 1063
	MFR	-0. 0793	0. 1404	0. 7732	-0. 5844
	CR	-0. 1058	0. 7106	0. 0173	0. 3900

根据表 4 - 13 ，综合四年的因子载荷矩阵，可以看出：

第一主成分主要和市场份额，净利润增长率和勒纳指数相关系数较高，可以认为第一主成分是企业行业竞争力方面的反映了企业规模偏好程度的因素。

第二主成分主要和资产负债率和流动比率相关系数较高，可以认为第二主成分是企业偿债能力方面反映企业规模偏好程度的因素。

第三主成分主要和管理费用率相关系数较高，可以认为第三主成分是企业盈利来源方面反映企业规模偏好程度的因素。

第四主成分主要和总资产相关系数较高，可以认为第四主成分是企业资产方面反映企业规模偏好程度的因素。

4.3.6　主成分得分的计算

主成分得分系数矩阵如表 4 – 14 所示。

表 4 – 14　主成分得分系数矩阵

年份	指标	主成分得分系数			
		1	2	3	4
2009	ASSET	0. 3454	– 0. 0065	– 0. 3950	0. 5060
	SHARE	0. 5153	0. 0148	0. 0373	0. 0281
	ZLR	– 0. 0117	0. 7487	0. 1916	– 0. 4317
	NPGR	0. 5338	– 0. 0405	0. 1777	– 0. 1867
	LENA	0. 5685	– 0. 0153	0. 1590	– 0. 1492
	MFR	– 0. 0422	0. 2446	0. 7041	0. 6606
	CR	– 0. 0716	– 0. 6144	0. 5032	– 0. 2517
2010	ASSET	0. 3501	– 0. 2362	– 0. 3258	0. 5892
	SHARE	0. 5148	0. 0367	0. 0383	0. 0648
	ZLR	– 0. 0154	– 0. 2062	0. 8524	– 0. 0613
	NPGR	0. 5332	0. 1373	0. 0931	– 0. 2333
	LENA	0. 5649	0. 1281	0. 1028	– 0. 1970
	MFR	– 0. 0454	0. 6026	0. 3354	0. 6723
	CR	– 0. 0813	0. 7085	– 0. 1844	– 0. 3157

续表

年份	指标	主成分得分系数			
		1	2	3	4
2011	ASSET	0. 3413	-0. 0446	-0. 4478	0. 4850
	SHARE	0. 5144	0. 0136	0. 0166	0. 0385
	ZLR	0. 0139	0. 7031	0. 0218	-0. 5338
	NPGR	0. 5409	-0. 0256	0. 1812	-0. 1505
	LENA	0. 5669	-0. 0116	0. 1799	-0. 1556
	MFR	-0. 0197	0. 5512	0. 5065	0. 6533
	CR	-0. 0667	-0. 4460	0. 6906	-0. 0687
2012	ASSET	0. 3526	-0. 3030	-0. 3516	-0. 3581
	SHARE	0. 5183	0. 0437	0. 0444	-0. 0177
	ZLR	0. 0415	-0. 5634	0. 4910	0. 5990
	NPGR	0. 5292	0. 1869	0. 1262	0. 0879
	LENA	0. 5547	0. 1712	0. 1388	0. 1063
	MFR	-0. 0793	0. 1404	0. 7732	-0. 5844
	CR	-0. 1058	0. 7106	0. 0173	0. 3900

因此，2009 年提取的四个主成分表达式分别为：

$$Comp1 = 0.3454 * ASSET + 0.5153 * SHARE - 0.0117 * ZLR + 0.5338 * NPGR + 0.5685 * LENA - 0.0422 * MFR - 0.0716 * CR$$

$$Comp2 = -0.0065 * ASSET + 0.0148 * SHARE + 0.7487 * ZLR - 0.0405 * NPGR - 0.0153 * LENA + 0.2446 * MFR - 0.6144 * CR$$

$$Comp3 = -0.3950 * ASSET + 0.0373 * SHARE + 0.1916 * ZLR + 0.1777 * NPGR + 0.1590 * LENA + 0.7041 * MFR + 0.5032 * CR$$

$$Comp4 = 0.5060 * ASSET + 0.0281 * SHARE - 0.4317 * ZLR - 0.1867 * NPGR - 0.1492 * LENA + 0.6606 * MFR - 0.2517 * CR \quad (4.1)$$

2010 年提取的四个主成分表达式分别为：

$$Comp1 = 0.3501 * ASSET + 0.5148 * SHARE - 0.0154 * ZLR + 0.5332 * NPGR + 0.5649 * LENA - 0.0454 * MFR - 0.0813 * CR$$

$$Comp2 = -0.2362 * ASSET + 0.0367 * SHARE - 0.2062 * ZLR + 0.1373 *$$

$NPGR + 0.1281 * LENA + 0.6026 * MFR + 0.7085 * CR$

$Comp3 = -0.3258 * ASSET + 0.0383 * SHARE + 0.8524 * ZLR + 0.0931 * NPGR + 0.1028 * LENA + 0.3354 * MFR - 0.1844 * CR$

$Comp4 = 0.5892 * ASSET + 0.0648 * SHARE - 0.0613 * ZLR - 0.2333 * NPGR * -0.1970LENA + 0.6723 * MFR - 0.3157 * CR \quad (4.2)$

2011 年提取的四个主成分表达式分别为：

$Comp1 = 0.3413 * ASSET + 0.5144 * SHARE + 0.0139 * ZLR + 0.5409 * NPGR + 0.5669 * LENA - 0.0197 * MFR - 0.0667 * CR$

$Comp2 = -0.0446 * ASSET + 0.0136 * SHARE + 0.7031 * ZLR - 0.0256 * NPGR - 0.0116 * LENA + 0.5512 * MFR - 0.4460 * CR$

$Comp3 = -0.4478 * ASSET + 0.0166 * SHARE + 0.0218 * ZLR + 0.1812 * NPGR + 0.1799 * LENA + 0.5065 * MFR + 0.6906 * CR$

$Comp4 = 0.4850 * ASSET + 0.0385 * SHARE - 0.5338 * ZLR - 0.1505 * NPGR - 0.1556 * LENA + 0.6533 * MFR - 0.0687 * CR \quad (4.3)$

2012 年提取的四个主成分表达式分别为：

$Comp1 = 0.3526 * ASSET + 0.5183 * SHARE + 0.0415 * ZLR + 0.5292 * NPGR + 0.5547 * LENA - 0.0793 * MFR - 0.1058 * CR$

$Comp2 = -0.3030 * ASSET + 0.0437 * SHARE - 0.5634 * ZLR + 0.1869 * NPGR + 0.1712 * LENA + 0.1404 * MFR + 0.7106 * CR$

$Comp3 = -0.3516 * ASSET + 0.0444 * SHARE + 0.4910 * ZLR + 0.1262 * NPGR + 0.1388 * LENA + 0.7732 * MFR + 0.0173 * CR$

$Comp4 = -0.3581 * ASSET - 0.0177 * SHARE + 0.5990 * ZLR + 0.0879 * NPGR + 0.1063 * LENA - 0.5844 * MFR + 0.3900 * CR \quad (4.4)$

4.3.7 企业规模偏好的综合评价

根据各主成分所对应的方差贡献率计算出各主成分的权重，结合公式（4.1）、公式（4.2）、公式（4.3）、公式（4.4）得到的各主成分得分，可以建立企业规模偏好的综合评价模型：

$$ESA = \frac{\lambda_1}{\lambda_1 + \lambda_2 + \lambda_3 + \lambda_4} Comp1 + \frac{\lambda_2}{\lambda_1 + \lambda_2 + \lambda_3 + \lambda_4} Comp2 + \frac{\lambda_3}{\lambda_1 + \lambda_2 + \lambda_3 + \lambda_4} Comp3 + \frac{\lambda_4}{\lambda_1 + \lambda_2 + \lambda_3 + \lambda_4} Comp4 \quad (4.5)$$

其中，ESA 代表企业规模偏好的综合评价得分；λ1、λ2、λ3、λ4 分别代表各主成分所对应的特征值。

因此，2009 年到 2012 年的企业规模偏好的综合评价模型依次为：

$$ESA_{2009} = 4.130027 * Comp1 + 3.569391 * Comp2 + 3.552644 * Comp3 + 3.440183 * Comp4$$

$$ESA_{2010} = 4.179835 * Comp1 + 3.659542 * Comp2 + 3.595438 * Comp3 + 3.483296 * Comp4$$

$$ESA_{2011} = 4.106754 * Comp1 + 3.580966 * Comp2 + 3.512532 * Comp3 + 3.405373 * Comp4$$

$$ESA_{2012} = 4.157106 * Comp1 + 3.640892 * Comp2 + 3.592446 * Comp3 + 3.431038 * Comp4$$

(4.6)

表 4.15 对公式（4.6）计算的企业规模偏好的综合评价水平进行了描述性统计。

表 4－15 企业规模偏好评价水平的描述性统计

	样本量	平均值	中位数	标准差	最小值	最大值
ESA2009	1813	1.42e+10	2.69e+09	1.01e+11	850068.4	3.15e+12
ESA2010	1801	2.19e+10	3.88e+09	1.63e+11	−7.49e+08	4.98e+12
ESA2011	2161	2.22e+10	3.77e+09	1.83e+11	−8.08e+08	6.16e+12
ESA2012	2400	3.56e+10	5.69e+09	3.03e+11	−7.11e+09	1.08e+13

由表 4.15 可知：2009－2012 年企业的规模偏好评价水平的平均数依次为 1.42e+10、2.19e+10、2.22e+10、3.56e+10；2009－2012 年企业的规模偏好评价水平的中位数依次为 2.69e+09、3.88e+09、3.77e+09、5.69e+09；2009－2012 年企业的规模偏好评价水平的标准差依次为 1.01e+11、1.63e+11、1.83e+11、3.03e+11；2009－2012 年企业的规模偏好评

价水平的最小值依次为 850068.4、-7.49e+08、-8.08e+08、-7.11e+09；2009-2012 年企业的规模偏好评价水平的最大值依次为 3.15e+12、4.98e+12、6.16e+12、1.08e+13。

4.3.8 因子碎石图

下列各图是 2009-2012 年各年的因子碎石图。在各年的碎石图中，横坐标为因子数目，纵坐标为特征值。可以看到：前四个因子的特征值很高，对解释原有变量的贡献最大，第五个以后的特征值都较小，对解释原有变量的贡献很小，已经成为可以被忽略的“高山脚下的碎石”，因此提取 4 个因子是合适的。用前四个因子刻画其他单位，信息丢失较少，效果较好，如下各图所示。

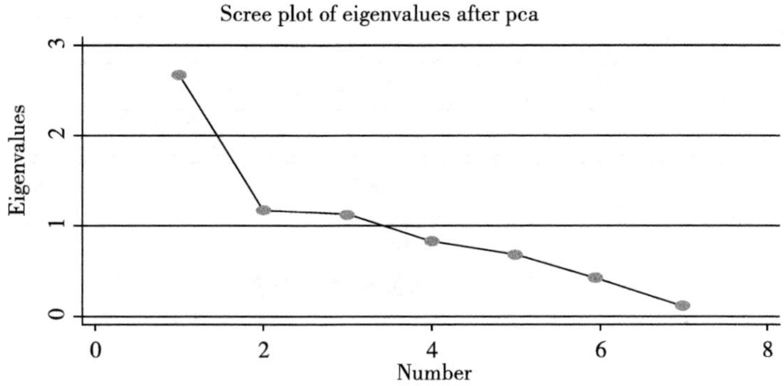

图 4-1　2009 年的因子碎石图

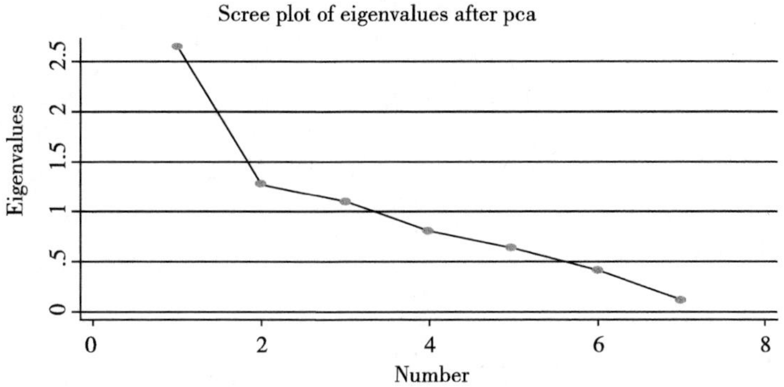

图 4-2　2010 年的因子碎石图

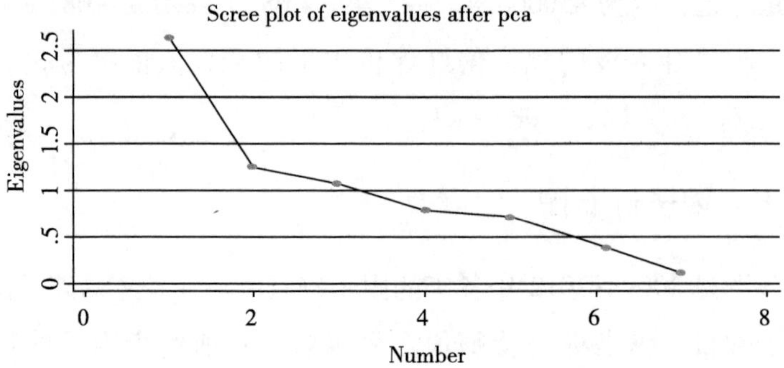

图 4 -3　2011 年的因子碎石图

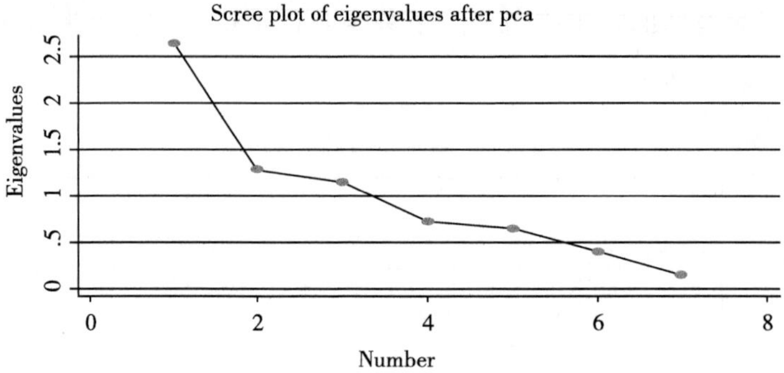

图 4 -4　2012 年的因子碎石图

4.4 企业的背景特征对企业规模偏好影响的实证研究

4.4.1 模型的设定

因变量，ESA_{it}，表示样本企业 i 在第 t 年的企业规模偏好水平。该变量反映了样本企业的规模偏好水平的高低，用第四章中计算所得的综合评价结果作为该变量的赋值。

自变量 1，$SIZE_{it}$，表示样本企业 i 在第 t 年的企业规模。一般采用总资产的对数来表示。

自变量 2，$NPGR_{it}$，表示样本企业 i 在第 t 年的净利润增长率。用样本企业当期净利润与上期净利润之差与上期净利润之比值来表示。

自变量 3，MFR_{it}，表示样本企业 i 在第 t 年的管理费用率。用样本企业年管理费用与公司年收入之比值来表示。

自变量 4，$CONTROL_{it}$，表示样本企业 i 在第 t 年的实际控制人性质。国有企业为哑变量 1。民营企业为哑变量 0。

自变量 5，$DUAL_{it}$，表示样本企业 i 在第 t 年的两职兼任情况。董事长兼任总经理为 1，否则为 0。

根据相关文献研究及以前的研究，企业的规模偏好受到多方面的因素的影响，借鉴已有的文献研究，控制变量选择如下所示：

控制变量 1，LENAit ，表示样本企业 i 在第 t 年的勒纳指数，采用样本企业的主营业务收入与主营业务成本之差与主营业务收入的比值来表示。

控制变量 2，CRit ，表示样本企业 i 在第 t 年的流动比率，采用样本企业的流动资产与流动负债之比值来表示。

控制变量 3，$SHARE_{it}$，表示样本企业 i 在第 t 年的市场份额，采用样本企业的公司主营业务收入与行业主营业务总收入的比值来表示。

控制变量 4，$INDUSTRY_{it}$，表示样本企业 i 在第 t 年的所属行业，采用样本企业的第一产业为 1，第二产业为 2，第三产业为 3。

根据所设定的各种变量，研究所设定的模型如下：

$$ESA_{it} = \beta_0 + \beta_1 SIZE_{it} + \beta_2 NPGR_{it} + \beta_3 MFR_{it} + \beta_4 CONTROL_{it} + \beta_5 DUAL_{it} + \varepsilon \quad (4.7)$$

$$ESA_{it} = \beta_0 + \beta_1 SIZE_{it} + \beta_2 NPGR_{it} + \beta_3 MFR_{it} + \beta_4 CONTROL_{it} + \beta_5 DUAL_{it} + \beta_6 LENA_{it} + \beta_7 CR_{it} + \beta_8 SHARE_{it} + \beta_9 INDUSTRY_{it} + \varepsilon \quad (4.8)$$

表 4－16　企业规模偏好相关变量的涵义及衡量方法

变量	变量名称	涵义	衡量方法
因变量	ESA	规模偏好	第四章计算所得的综合评价结果
自变量	SIZE	企业规模	总资产的对数
	NPGR	净利润增长率	当期净利润与上期净利润之差与上期净利润之比
	MFR	管理费用率	年管理费用与公司年收入之比
	CONTROL	实际控制人性质	国有为 1，民营为 0
	DUAL	两职兼任	董事长兼任总经理为 1，否则为 0
控制变量	LENA	勒纳指数	主营业务收入与主营业务成本之差与主营业务收入的比
	CR	流动比率	流动资产与流动负债之比
	SHARE	市场份额	公司主营业务收入与行业主营业务总收入的比
	INDUSTRY	所属行业	第一产业为 1，第二产业为 2，第三产业为 3

4.4.2　样本的选取与描述性统计

本文剔除了上市公司中数据不全和金融类，保险类的数据，选取了从 2009 年－2012 年的上市公司数据作为研究样本，2009 年数据为 1813 个，2010 年数据为 1801 个，2011 年数据为 2161 个，2012 年数据为 2400 个。所选取的数据均来自于国泰安 CSMAR 经济金融研究服务中心，部分遗漏缺失的数据由上市公司公布的财务报表进行补充。

表4－17企业规模偏好相关变量的描述性统计，包括企业风险偏好、企业规模、净利润增长率、管理费用率、企业实际控制人、两职兼任、勒纳指数、流动比率、市场份额、所属行业。

表4－17　企业规模偏好相关变量的描述性统计

指标	平均数	中位数	标准差	最小值	最大值
ESA	4. 75e＋10	6. 88e＋09	3. 96e＋11	－7. 11e＋09	1. 08e＋13
SIZE	9. 542193	9. 476732	0. 6185259	6. 831203	12. 33623
NPGR	5. 37e＋08	8. 43e＋07	4. 50e＋09	－1. 03e＋10	1. 31e＋11
MFR	0. 1126706	0. 073644	0. 3458231	0. 002154	11. 63283
CONTROL	0. 2192475	0	0. 4696186	0	2
DUAL	1. 802746	2	0. 3980698	1	2
LENA	1. 20e＋10	1. 72e＋09	1. 01e＋11	3480733	2. 79e＋12
CR	2. 018693	1. 346329	2. 646818	0. 011003	36. 57418
SHARE	0. 0056408	0. 0005212	0. 0247927	6. 47e－07	0. 4572669
TNDUSTRY	2. 29552	2	0 . 4900545	1	3

4. 4. 3　企业规模偏好相关变量之间的 Pearson 相关系数

表4－18对企业规模偏好所涉及的相关变量进行了相关性分析。

表4－18　企业规模偏好相关变量的 Pearson 相关系数

变量	ESA	SIZE	NPGR	MFR	CONTROL	DUAL	LENA	CR	SHARE	INDUSTRY
ESA	1. 0000									
SIZE	0. 3125 ***	1. 0000								
NPGR	0. 8545 ***	0. 3037 ***	1. 0000							
MFR	－0. 0245	－0. 2006 ***	－0. 0195	1. 0000						
CONTROL	0. 0223	0. 0718 ***	0. 0003	0. 0041	1. 0000					
DUAL	0. 0429	0. 1718 ***	0. 0398	－0. 0927 ***	0. 1078 ***	1. 0000				
LENA	0. 9998 ***	0. 3108 ***	0. 8428 ***	－0. 0246	0. 0231	0. 0427	1. 0000			
CR	－0. 0430	－0. 2063 ***	－0. 0292	0. 0451 *	－0. 0662 **	－0. 1357 ***	－0. 0433	1. 0000		
SHARE	0. 7631 ***	0. 4286 ***	0. 6267 ***	－0. 0426	0. 0187	0. 0675 **	0. 7640 ***	－0. 0713 ***	1. 0000	
INDUSTRY	－0. 0301	0. 0268	－0. 0235	0. 0151	－0. 0682 **	0. 0433	－0. 0302	0. 0553 **	0. 0971 ***	1. 0000

注：＊代表相关系数10%的显著性水平，＊＊代表相关系数5%的显著性水平，＊＊＊代表相关系数1%的显著性水平。

由表4.18可得出：企业的规模偏好与企业的规模存在显著的正相关关系（P<1%），相关系数为0.3125，这说明企业越倾向于偏好规模扩张，企业的规模也越大，他们之间是正相关的；企业的净利润增长率与企业的规模偏好存在显著的正相关关系（P<1%），相关系数为0.8545，这说明企业的盈利能力越强，企业越倾向于规模扩张；企业的管理费用率与企业的规模偏好呈负的相关关系，相关系数为-0.0245，表明企业规模越大，管理成本越高，反之，企业成本越高，企业就不愿意规模扩张；实际控制人与规模偏好的相关系数为0.0223，不存在显著的相关关系，不论实际控制人是国有企业还是民营企业，都有规模偏好的倾向；两职兼任与规模偏好的相关系数为0.0429，不存在显著的相关关系，不论企业的领导人是董事长与总经理是兼任或不兼任，都与规模偏好关系不大；勒纳指数与企业的规模偏好存在显著的正相关关系（P<1%），相关系数为0.9998，这说明市场势力越大，企业越倾向于规模扩张；市场份额与规模偏好存在显著的正相关关系（P<1%），相关系数为0.7631，这说明企业的市场份额越大，企业越倾向于规模扩张；流动比率和所属行业与规模偏好无显著的相关关系。

4.4.4 实证检验结果与分析

本文运用stata12.0计量软件工具，在变量中，企业规模偏好为解释变量，将面板数据导入模型（4.7）和模型（4.8）中。两个模型都具有显著的固定效应和随机效应，在进行Hausman检验时拒绝了原假设，因此采用固定效应模型进行实证检验，检验的结果如下表所示。结果表明：检验总体设定是否有效的F值在两个模型中分别为63.01和83.19，都是0.1%上显著性水平，表明模型总体设定是有效的，在总体上通过了显著性检验。

表 4 -19　企业的背景特征对企业规模偏好影响的实证检验

模型	ESA (1)			ESA (2)		
变量	系数	t 值	标准误	系数	t 值	标准误
SIZE	3.07e -13 * * *	-3.63	8.46e -14	3.09e +10 * * *	-3.62	8.53e +09
NPGR	2.55e -11 * * *	4.17	6.13e -12	54.16301 * * *	41.58	1.302743
MFR	-0.29792 * * *	-7.18	0.0414669	-4.80e +09 * *	-0.36	1.34e +10
CONTROL	0.061889 *	2.02	0.0307005	1.22e +10	1.25	9.76e +09
DUAL	0.158014	4.32	0.0365875	6.23e +08	-0.05	1.17e +10
LENA				1.91e -12 * * *	12.16	1.57e -13
CR				-3.26e +08	-0.19	1.76e +09
SHARE				6.42e +12 * * *	25.70	2.50e +11
industry				-4.21e +10	-4.48	9.39e +09
cons	9.307163 * * *	98.33	0.0946566	3.73e +11 * * *	4.41	8.46e +10
R - squared	0.0966			0.8203		
Adj R - squared	0.0960			0.8192		
F	63.01			83.19		
Prob > F	0.0000			0.0000		

注：* 代表相关系数 5% 的显著性水平，* * 代表相关系数 1% 的显著性水平，* * * 代表相关系数 0.1% 的显著性水平.

表 4 -19 的实证检验结果表示：

第一，在没有考虑控制变量时，企业的规模偏好与企业的规模呈显著的正相关关系，这表明企业越倾向于规模扩张，企业的实体规模也越大；净利润增长率与企业的规模偏好呈现出显著的正相关关系，表明企业的盈利能力越强，企业越倾向于扩大企业的规模，增加企业的势力；管理费用率与企业的规模偏好存在显著的负相关关系，这表明随着企业的规模扩大，企业的管理成本在上升，内部协调费用在上升，收益在减少，企业不愿意再扩大规模；企业的实际控制人与企业的规模存在显著的负相关关系，这说明当实际控制人为国有企业时，企业倾向于扩大规模，而民营企业不愿意规模扩张；两职兼任与企业规模偏好不存在显著的相关性，这表明董事长与总经理兼任与否对企业的规模偏好没有产生明显的影响。

第二，在加入了控制变量之后，企业的规模与规模偏好存在显著的正相关关系，表明企业规模越大，是由于企业越倾向于规模扩张的结果；净利润增长率与企业的规模偏好呈现出显著的正相关关系，表明企业的盈利能力越强，企业越倾向于扩大企业的规模，增加企业的势力；管理费用率与企业的规模偏好存在显著的负相关关系，这表明随着企业的规模扩大，企业的管理成本在上升，内部协调费用在上升，收益在减少，企业不愿意再扩大规模；企业的实际控制人和两职兼任对企业的规模偏好则不存在明显的影响。

第三，在控制变量中，勒纳指数与企业的规模偏好存在显著的正相关关系，这表明企业的市场势力越大，企业越倾向于扩大企业的规模；市场份额与企业的规模偏好存在显著的正相关关系，这表明企业占领的市场份额越大，也更愿意扩张自己的规模；流动比率与企业规模偏好存在负的相关关系，这表明企业的负债越多风险越大，企业越不愿意扩张自己的规模；企业所属的行业与企业的规模偏好不存在显著的相关关系，这表明不论企业是第一产业，第二产业还是第三产业，都可以规模扩张或者不进行规模扩张。

第五章　企业规模经济的有效路径影响的实证研究

在企业的管理实践中，任何企业追求的目标都是做大做强，既有规模——量的大小，又存在质的比较——经济效益。按照规模经济理论，我们能够寻找到企业在社会生产中形成规模经济的有效途径，比如通过企业的并购活动，能够充分发挥企业在内部和外部的管理能力和管理水平，使企业的平均成本水平不断降低。一般来说，平均成本曲线在达到最低点之后又开始向上升起来，结果表明企业的生产规模并不能够无限扩张的，一定企业的适度生产规模受到一定条件的约束，比如企业的管理能力、人员的劳动分工和材料存量等因素影响。因此，当企业的生产规模一旦超出了适度规模，就会表现出来规模不经济的现象。企业实现规模的扩张离不开资本运营。实务资本与人力资本的构成关系 ，我国经济已从粗放型增长方式向集约型增长方式转变，集约经营实际上就是以效率为中心的经营思想，而这正是规模经济实现的前提。资本经营中，对资源有效配置和有效利用应体现集约经营的思想。企业的规模对经济效益产生影响，如果企业有规模，没有经济效益，企业就难以生存；如果企业有经济效益，没有规模，企业就难以做大、做强。所以，规模和经济效益是统一的。在本章中，构建了企业实现规模经济路径的多元回归模型，还有企业经济效益对规模影响的多元回归模型，选取了 2009 年至 2012 年的上市公司数据为样本进行验证命题，分别对实现规模经济的两条主要路径和企业经济效益对企业规模的影响进行了实证检验。

5.1 企业并购路径对规模影响的实证研究

5.1.1 理论基础与研究假设

并购，即兼并（Merger）与收购（Acquisition），英文缩写为M&A。企业的规模经济主要是通过企业的并购来实现的。西方有的学者认为，追求规模化经营动机，是并购的重要动机，并且压倒了垄断动机[①]。这也是我国经济学家的代表性观点。经济学家的研究表明，企业主要不是依靠增大工厂的规模，而是依靠增加工厂的（横向或纵向的）数量来发展的。因为在大部分产业中，一个工厂在建设时，其规模经济接近长期成本曲线的最低点。所以，并购的动因主要是企业规模化，关注被并购企业作为一个整体继续运行的价值[②]。

获取规模经济利益是企业并购的基本动机。从某种意义上说，企业并购事实上产生了效率与效益。世界上五次大的并购浪潮也证明了这一事实和道理。并购中，必须考虑经济大环境和企业自身的实际情况，目的是研究国内外产业界的竞争格局，这对于企业很重要。在同产业竞争对手众多、竞争异常激烈，甚至出现生产能力相对过剩的条件下，横向并购可能是较好的选择；在市场开阔但不确定性的情形下，纵向并购对于实现规模

---

① Patten, C. F., 1971, Economics of Scale In Manufacturing Industry, Cambridge: Cambridge University Press.

② 林凌：《企业重组理论与实务》，国家经贸委经济干部培训中心（内部），1997年版，第189页。

经济可能会有帮助；在经济景气时期，具有某种优势且存在共同性资源过剩的企业，合理的混合并购有利于实现范围经济。在市场约束或市场扩张的不同条件下，企业并购方式、并购战略的选择可能是截然不同的。

并购作为企业在外部成长的主要途径之一，原因表现为：第一，并购能够使投资风险和成本都降低，投资速度加快。利用这种并购方式，可以直接进入目标企业经营领域，直接利用其生产能力、原料来源、营销网络、工程技术人员及品牌和商誉等无形资产，不仅比新建成本低，而且可以减少投资风险。第二，可以有效地冲破特定产业的进入壁垒。当企业试图以新建形式进入某个生产领域时，客观地存在着影响企业进入的各个因素，如最低资本数量、产品差别、既存企业的规模经济与成本优势，既存企业采取阻止新企业进入的行为等等，都构成新企业的进入壁垒。企业在发展过程中会遇到各种进入壁垒和移动进入壁垒因素。但规模经济可能是逾越进入壁垒的因素。第三，并购可以充分利用经验效应。在许多产业部门的企业生产经营活动中，随着生产经营经验的积累，出现了单位成本下降的趋势。这里的经验主要包括一般管理经验、行业专属经验和非管理性质的经验，工程技术人员和生产工人技术经验、操作经验等与人力资本有关的经验①。经验的积累，使经验成本曲线格外显著。由于行业专属经验与人力资本有关的经验不可能为所有企业共享，新企业在短期内无法取得这种经验，因而拥有这种经验的既存企业比新企业在成本上具有明显的竞争优势。利用并购这种途径，既能够把想并购企业的资产拥有为自身所有，同时能够获取到目标企业的独特经验。所以，某些研究并购的西方学者认为，通过并购能够使销售的集中度得到增加②，进一步来谋求垄断者的利益③。

并购仅仅作为一种手段，目的是通过联合的力量使主营业务的优势得到强化，使企业的社会资源配置更合理，并能够塑造出更具活力的组织机

① 于·弗雷德·威斯通：《兼并、重组与公司控制》，经济科学出版社，1998年版，第80页。

② Stigler, G. J. , 1950. Monopoly And Oligopoly by Merger, American Economic Review Papers and Proceedings 40, May , pp23－34.

③ Hannah , L. and Kay, J. , 1977。Concentration In Modern Industry, London：Macmillan.

构与企业文化，以使企业有较强的市场竞争力。当实现了规模化效益，一切并购活动都变得有意义并且终极价值得以实现。如果远离了这一前提，不管是弱弱合并，强弱合并，或是强强联合，恐怕都不能够达到预期的效果，甚至使效果变差。

传统的并购理论是建立在“理性人”假设基础上的，他们认为：由于内外部的众多影响，通过并购企业可以获得战略机会、发挥协同效应、提升管理的效率、实现规模效应等优势。从企业的成本角度，通过并购可以降低企业成本，在被并购方的产业中得到投资机会，由缓慢增长的产业进入高速增长的产业转移。另外，企业的治理能力也影响到并购，企业家与企业规模的紧密关系，企业的规模越大，企业的风险抵抗能力也越强，这也导致了企业强烈的对企业规模扩张的欲望。因此提出假设命题5.1：

H5.1：企业的并购对企业的规模经济产生重要的影响，是企业的规模经济的重要有效的路径。

5.1.2 模型的设定

因变量，$SIZE_{it}$表示样本企业i在第t年的规模，该变量规模是企业综合实力的最真实的反映。企业实力的大小，一般由从业人员数、销售额和资产总额三项指标来衡量，本文选用总资产的对数来衡量。

自变量OSG_{it}表示样本企业i在第t年的股权集中度，作为并购的代理指标。选用样本公司的第一大股东的持股比例来衡量，第一大股东的持股比例越高，反映并购难易程度，。

根据已有的相关文献及前述分析研究，企业规模经济的扩张受到多方面的影响，鉴于已有的研究，从如下几个方面选择控制变量。

控制变量1，ESA_{it}，表示样本企业i在第t年的企业规模偏好水平，该变量反映了企业的规模偏好水平的高低，用第四章计算所得到的综合评价结果做为该变量的赋值。

控制变量2，$NPGR_{it}$，表示样本企业i在第t年的企业净利润增长率，用样本企业当期利润与上期利润差与上期利润的比值来表示。

控制变量3，CGS_{it}，表示样本企业i在第t年的公司治理结构，用样本公司独董人数与董事会总人数之比来衡量，一般来说，独立董事在董事会中所占的比例越高，董事会对企业的经营决策制约越强，公司的治理水平越高，越有利于企业的规模壮大。

控制变量4，MFR_{it}，表示样本企业i在第t年的管理费用率，用样本企业的年管理费用与年收入之比来表示，管理费用率越高，表示企业内部协调难度大，公司的规模越大。

控制变量5，$INDUSTRY_{it}$，表示样本企业i的所属的行业情况。根据国家的《三次产业划分规定》，第一产业设为1，第二产业设为2，第三产业设为3。

控制变量6，$CONTROL_{it}$，表示样本企业i在第t年的产权状况，根据国泰安数据库的常用规定的哑变量设定方法，国有企业设为1，民营企业设为0，其他企业设为2。

根据所设定的各种变量，验证所提出的假设命题，研究设定模型如下：

$$SIZE_{it} = \beta_0 + \beta_1 OSC_{it} \tag{5.1}$$

$$SIZE_{it} = \beta_0 + \beta_1 OSC_{it} + \beta_2 ESA_{it} + \beta_4 CGS_{it} + \beta_5 MFR_{it} + \beta_6 INDUSIRY_{it} + \beta_7 CONTROL_{it} \tag{5.2}$$

上述公式分别为（5.1）和（5.2）

表5-1　并购路径的相关变量的涵义与解释

变量	变量名称	涵义	解释变量
因变量	SIZE	规模	选用总资产的对数衡量
自变量	OSC	股权集中度	公司第一大股东持股比例
控制变量	ESA	规模偏好	采用第四章综合分析结果
	NPGR	净利润增长率	当期利润与上期利润差与上期利润的比值
	CGS	公司治理结构	独董人数与董事会总人数之比
	MFR	管理费用率	年管理费用与公司年收入之比
	INDUSTRY	所属行业	第一产业为1，第二产业为2，第三产业为3
	CONTROL	产权性质	国有为1，民有为0，其他为2

5.1.3 样本的选择与描述性统计

本文选取2009—2012年间上市公司数据作为研究样本，同时剔除了数据不全，金融类和保险类的上市公司，剔除了行业模糊的行业公司，最终得到：1300个数据。所有选取的样本数据均来自国泰安CSMAR经济金融研究服务中心，部分数据来自于手工计算，部分遗漏缺失数据还根据上市公司公布的年报进行了补充。

表5-2对并购路径的相关变量进行了描述，包括了样本企业的规模，股权集中度，规模偏好，净利润增长率，公司治理结构，管理费用率，产权性质和所属行业。并按照平均值（mean），中位数（p50），标准差（sd），最小值（min），最大值（max），分别进行了统计，结果如下表。

表5-2 并购路径变量的描述性统计

stats	mean	p50	sd	min	max
OSC	36.36791	34.465	15.72878	2.197	89.41
ESA	4.01e+10	6.85e+09	2.77e+11	-7.11e+09	8.80e+12
CGS	0.3695161	0.3333333	0.0550845	0.2222222	0.6666667
SIZE	9.537544	9.46957	0.6094679	6.999397	12.33623
NPGR	4.85e+08	8.23e+07	4.24e+09	-1.03e+10	1.31e+11
MFR	0.1117483	0.0736	0.3502322	.002154	11.63283
INDUSTRY	2.289008	2	0.4893739	1	3
CONTROL	0.2192308	0	0.4696478	0	2

5.1.4 企业并购路径相关变量之间的Pearson相关系数

表5-3对企业并购路径所涉及的8个变量（OSC，CGS，ESA，SIZE，NPGR，MFR，INDUSTRY，CONTROL）进行了相关性统计分析。见下表：

表5-3 企业并购路径相关变量的Pearson相关系数

变量	OSC	CGS	ESA	SIZE	NPGR	MFR	INDUSTRY	CONTROL
OSC	1.000							
CGS	0.0751**	1.000						

续表

变量	OSC	CGS	ESA	SIZE	NPGR	MFR	INDUSTRY	CONTROL
ESA	0.1747 * * *	0.0727 * *	1.000					
SIZE	0.3830 * * *	0.0658 *	0.3432 * * *	1.000				
NPGR	0.1613 * * *	0.0344	0.9042 * * *	0.2834 * * *	1.000			
MFR	-0.0969 * * *	0.0210	-0.0274	-0.1906 * * *	-0.0175	1.000		
INDUSTRY	0.0248	0.0215	-0.0230	0.0427	-0.0149	0.0066	1.000	
CONTROL	0.0559 *	-0.0555 *	-0.0166	0.0590 *	-0.0248	0.0081	-0.0617 *	1.000

注：* 代表相关关系是 5% 的显著性水平，* * 代表相关关系是 1% 的显著性水平，* * * 代表相关关系是 0.1% 的显著性水平。

结果表明：企业的经济规模与并购活动呈现出显著的正相关关系（$p<0.1\%$），相关系数为 0.3830，股权集中度即第一大股东所占的比例越大，企业的并购活动越频繁，规模越大；企业的规模偏好与企业的并购存在显著的正相关关系，这说明企业的规模偏好程度越强，并购活动越多，规模也越大；净利润增长率与并购呈显著的正相关关系，净利润增长率代表企业的成长性，说明企业在成长的过程中，倾向于规模的壮大；企业的管理费用率于企业的并购呈显著的负相关关系，说明在企业进行并购壮大扩张的过程中，由于规模的扩大，企业组织层级的增加，企业的协调成本在增加，管理费用率成相反的负增加；公司治理结构与企业并购成显著的争相关关系（$p<1\%$），相关系数为 0.0751，说明在董事会中，独立董事所占的比例越大，公司治理越倾向于规范发展，并购活动越频繁增加，长大规模；企业的产权性质与企业的并购也在（$p<5\%$）上呈现出正的显著关系，相关系数为 0.0559，表明国企相对于民企和其他类型的企业来说，并购活动更频繁；而企业所属行业与并购并无显著的相关关系，说明在各个行业都存在着并购活动。

5.1.5　企业通过并购路径实现规模经济的实证检验结果与分析

本文运用 stata12.0 计量软件工具，对实证进行了检验和分析，在实证中，被解释变量为企业经济规模，解释变量为企业并购，控制变量为规模偏好，公司治理结构，净利润增长率，管理费用率，所属行业和产权性质。分别输入模型（5.1）和模型（5.2），进行回归分析，得到如下检验结果。其中F值分别为223.12和63.46，并且在0.1%水平上显著，这意味着模型的总体假设是有效的，在总体上通过了检验。

表5-4 企业通过并购路径实现规模经济的实证研究

模型	SIZE（5.1）			SIZE（5.2）		
解释变量	系数	T值	标准误	系数	T值	标准误
OSC	0.0148437 ***	14.94	0.0009937	0.0120785 ***	12.67	0.0009531
ESA				9.04e-13 ***	7.27	1.24e-13
CGS				0.2493067	0.93	0.2678955
NPGR				-2.01e-11 *	-2.48	8.09e-12
MFR				-0.2654559 ***	-6.33	0.0419325
INDUSTRY				0.0577442	1.93	0.0299426
CONTROL				0.0649051 *	2.07	0.0313024
常数项	8.998004 ***	228.53	0.0393733	8.862517 ***	71.99	0.1231071
观测值	1300			1300		
R^2	0.1467			0.2560		
调整 R^2	0.1460			0.2520		
F值	223.12			63.46		
Prob > F	0.0000			0.0000		

注：*代表相关关系是5%的显著性水平，**代表相关关系是1%的显著性水平，***代表相关关系是0.1%的显著性水平。

表5-4的实证结果表明：

第一，有控制变量和没有控制变量的条件下，企业的并购活动都存在着显著的正相关关系（$p<0.1$），表明通过并购的途径，是可以增大企业的规模，壮大企业的经济规模，并购是一种很好的途径选择。

第二，在有控制变量的条件下，规模偏好也可以有利于企业的规模扩张，呈显著的正相关关系（$p<0.1$），说明企业家的意识形态倾向于规模扩张，在实践中有利于规模壮大；管理费用率仍然与规模成负的显著关系，说明在企业的并购扩张中，管理协调成本是在增加的，与人们的意愿相反的，而净利润增长率与规模略微呈现负增长关系，企业的产权性质也呈现出正的相关关系，说明国有企业比民企和其他类型企业更加愿意规模扩张。

5.2 企业资本运营路径对规模影响的实证研究

5.2.1 理论基础与研究假设

资本运营不仅使企业能够有效地实施战略性重组，而且使企业能够有效地进行竞争战略选择。资本运营是指企业遵循资本运动的客观规律，将其可以支配的各种资源和生产要素进行运筹、谋划和优化配置，以实现最大限度资本增值目标的一种运作管理方式。资本运营有助于扩张企业的规模，表现的意义在以下几个方面：

5.2.1.1 微观层面

从微观层面上看，利用资本运营的方式能够使企业的经营效益得到增加，企业规模扩张也得以迅速发展，企业的竞争力随之增加。在企业发展过程中，要解决的问题就是规模过小，而办法就是让优势企业进行规模扩张。企业扩张是与资本紧密相连，而企业通过自身的积累和银行的借贷资金两种途径进行规模扩张，这两种途径都是不可取的，因为有社会经济环境的影响，国家分配制度的影响，企业自身的能力限制，企业负债偏高的影响等。所以，按照世界通行的惯例，世界上的大公司和大企业都是通过重组别的企业来扩大自己的规模，以此来推动企业的资本经营，而实现低成本的扩张。

利用资本运营这种方式，新建了企业的产权结构，还有所有权结构，使企业资本存量流动起来，通过筹集扩张所需的资金，增加重组存量而推进增量的扩张。

例如有出售产权集资来进行新建规模的扩充，利用企业多种优势实施购买、兼并等资本经营活动。利用资本运营这种方式，还能够通过企业间优势互补、产品结构优化、产品升级等方式实现企业规模的扩张。比如当企业具有品牌优势，又有一定程度上的规模优势，必然会提高资源的配置效率和降低成本，一方面使企业自身的竞争优势得到提高，另一方面也使企业在国际上的竞争力得到提高。

5.2.1.2 中观层面

从中观（产业）层面上看，利用资本运营的方式不但可以调整产业结构，提高产业整体效应，同时可以优化产业结构，改变过去企业产品结构单一的格局。我国的产业结构现状是，中小企业偏多，大企业所占的比例很小，而且大企业的规模也偏小；知名企业集团规模太小，缺乏与世界大企业相竞争。解决办法是依靠资本运营的途径，利用资产重组，把组织结构从中小企业为主转换为以大企业为龙头的形式。进一步通过优化组合企业产品结构的方式，使龙头企业规模扩大，增加市场占有率和提高影响力；让不同企业优势互补，使重组后的企业有市场，有领先技术，具有规模效应，凭借经济实力和整体的水平提高，使企业保持可持续发展和具有竞争力。

5.2.1.3 宏观层面

从宏观层面上看，通过资本运营的方式，可以有效合理地配置社会资源，一方面能够使企业之间的优势得到互补，另一方面使地区之间的投资变得合理化，推动现代企业制度的建立，全面推进和进一步深化经济改革。比如通过资本运营，产生多元化的产权结构，使政企能够分开，减少政府对企业的行政干预，以形成有效合理的公司治理机制，达到深化国有经济改革的目的。当市场机制作用时，也能够促使企业资源凭借资本经营的形式，利用资本流动方式达到优化资源配置，最终能够实现整体社会经济资源的平衡和协调发展。

因此提出假设命题 5. 2：

H5.2：企业规模扩张离不开资本，即资本运营是规模扩张的重要路径。

5.2.2　模型的假定

被解释变量，$SIZE_{it}$，表示样本企业 i 在第 t 年的规模，该变量规模是企业综合实力的最真实的反映。企业实力的大小，一般由从业人员数、销售额和资产总额三项指标来衡量，本文选用总资产的对数来衡量。

解释变量，$CASH_{it}$，表示样本企业 i 在第 t 年的资本金，货币的资金是最为重要的资产。

根据已有的相关文献及前述分析研究，企业规模经济的扩张受到多方面的影响，鉴于已有的研究，从如下几个方面选择控制变量。

控制变量 1，ESA_{it}，表示样本企业 i 在第 t 年的企业规模偏好水平，该变量反映了企业的规模偏好水平的高低，用第四章计算所得到的综合评价结果做为该变量的赋值。

控制变量 2，CGS_{it}，表示样本企业 i 在第 t 年的公司治理结构，用样本公司

独董人数与董事会总人数之比来衡量，一般来说，独立董事在董事会中所占的比例越高，董事会对企业的经营决策制约越强，公司的治理水平越高，越有利于企业的规模壮大。

控制变量 3，$LENA_{it}$，表示样本企业 i 在第 t 年的勒纳指数，用样本公司的主营业务收入与主营业务成本之差与主营业务收入的比来计算，勒纳指数表示公司的市场势力。

控制变量 4，$SHARE_{it}$，表示样本企业 i 在第 t 年的市场份额，用样本公司主营业务收入与行业主营业务收入的比来计算，市场份额表示公司的竞争程度。

控制变量 5，$INDUSTRY_{it}$，表示样本企业 i 的所属的行业情况。根据国家的《三次产业划分规定》，第一产业设为 1，第二产业设为 2，第三产业设为 3。

控制变量 6，$CONTROL_{it}$，表示样本企业 i 在第 t 年的产权状况，根据

国泰安数据库的常用规定的哑变量设定方法，国有企业设为 1，民营企业设为 0，其他企业设为 2。

根据所设定的各种变量，验证所提出的假设命题，研究设定模型如下：

$$SIZE_{it} = \beta_0 + \beta_1 CASH \tag{5.3}$$

$$SIZE_{it} = \beta_0 + \beta_1 CASH + \beta_2 ESA + \beta_3 CFS + \beta_4 LENA + \beta_5 SHAR + \beta_6 INDUSTRY + \beta_7 CONTROL \tag{5.4}$$

表 5－5　资本运营路径的相关变量的含义与解释

变量	变量名称	涵义	变量衡量方法
因变量	SIZE	资产	总资产的对数
自变量	CASH	资本金	货币资金
控制变量	ESA	规模偏好	采用第四章综合评价结果
	CGS	公司治理结构	独董人数与董事会总人数之比
	LENA	勒纳指数	主营业务收入与主营业务成本之差与主营业务收入的比
	SHARE	市场份额	公司主营业务收入与行业主营业务收入的比
	INDUSTRY	所属行业	第一产业为 1，第二产业为 2，第三产业为 3
	CONTROL	所有权性质	国有为 1，民营为 0，其他为 2

5.2.3　样本的选择与描述性统计

本文选取 2009—2012 年间上市公司数据作为研究样本，同时剔除了数据不全，金融类和保险类的上市公司，剔除了行业模糊的行业公司，最终得到 1300 个数据。所有选取的样本数据均来自国泰安 CSMAR 经济金融研究服务中心，部分数据来自于手工计算，部分遗漏缺失数据还根据上市公司公布的年报进行了补充。

表 5－6 对并购路径的相关变量进行了描述，包括了样本企业的规模，资本现金，规模偏好，公司治理结构，勒纳指数，市场份额，产权性质和

所属行业。并按照平均值（mean），中位数（p50），标准差（sd），最小值（min），最大值（max），分别进行了统计，结果如下表。

表 5－6　资本运营路径的相关变量的描述性统计

变量	mean	p50	sd	min	max
CASH	9.42e+08	1.38e+08	8.68e+09	−9.99e+09	2.45e+11
ESA	4.01e+10	6.85e+09	2.77e+11	−7.11e+09	8.80e+12
CGS	0.3695439	0.3333333	0.0550966	0.2222222	0.6666667
SIZE	9.538162	9.469898	0.6097331	6.999397	12.33623
LENA	1.01e+10	1.70e+09	6.94e+10	4977842	2.20e+12
SHARE	0.0054696	0.00051	0.0222675	6.47e−07	0.3646443
INDUSTRY	2.288684	2	0.4892871	1	3
CONTROL	0.2195686	0	0.4699308	0	2

5.2.4　企业资本运营相关变量之间的 Pearson 相关系数

表 5－7 对企业资本运营相关变量进行了 Pearson 相关性分析

表 5－7　资本运营相关变量的 Pearson 相关系数

变量	CASH	ESA	CGS	SIZE	LENA	SHARE	INDUSTRY	CONTROL
CASH	1.0000							
ESA	0.8243***	1.0000						
CGS	0.0320	0.0727**	1.0000					
SIZE	0.2862***	0.3432***	0.0655**	1.0000				
LENA	0.8185***	0.9997***	0.0745**	0.3446***	1.0000			
SHARE	0.6531***	0.6813***	0.1287***	0.4418***	0.6854***	1.0000		
INDUSTRY	−0.0140	−0.0229	0.0223	0.0432	−0.0233	0.1243***	1.0000	
CONTROL	−0.0284	−0.0167	−0.0557*	0.0586*	−0.0161	−0.0039	−0.0615*	1.0000

注：*代表相关关系是5%的显著性水平，**代表相关关系是1%的显著性水平，***代表相关关系是0.1%的显著性水平。

Pearson 相关性分析结果表明：企业的规模与货币现金呈显著的正相关关系（P<0.01），相关系数为 0.2862，这说明企业的货币现金越多，越有利于企业的规模扩张；勒纳指数与货币现金呈显著的正相关关系，相关系数为 0.8185，勒纳指数表示市场势力，企业的货币现金越多，其市场势力

也越大，反之，市场势力越大，越有利于回收货币现金；市场份额与货币现金呈显著的正相关关系，相关系数为0.6531，说明市场份额越大，企业的回笼的货币资金越多；公司治理结构，所属行业，产权性质均与货币资金的关系不大。

5.2.5 企业通过资本运营路径实现规模经济的实证检验结果与分析

本文运用stata12.0计量软件工具，对实证进行了检验和分析，在实证中，被解释变量为企业经济规模，解释变量为企业货币资金，控制变量为规模偏好，公司治理结构，勒纳指数，市场份额，所属行业和产权性质。分别输入模型（5.3）和模型（5.4），进行回归分析，得到如下检验结果。其中F值分别为115.68和48.45，并且在0.1%水平上显著，这意味着模型的总体假设是有效的，在总体上通过了检验。

表5-8 企业通过资本运营路径实现规模经济的实证研究

模型	SIZE（5.3）			SIZE（5.4）		
解释变量	系数	T值	标准误	系数	T值	标准误
CASH	2.01e-11***	10.76	1.87e-12	-1.03e-11**	-2.87	3.59e-12
ESA				4.61e-12	1.79	2.57e-12
CGS				0.1095948	0.40	0.2773819
LENA				-1.69e-11	-1.66	1.02e-11
SHARE				11.7356***	11.19	1.048859
INDUSTRY				-0.0053901	-0.17	0.0316254
CONTROL				0.0781761*	2.42	0.03225
常数项	9.519243***	583.60	0.0163114	9.423265***	74.47	0.1265333
观测值	1300			1300		
R^2	0.0819			0.2082		
调整R^2	0.0812			0.2039		
F值	115.68			48.45		
Prob > F	0.0000			0.0000		

注：*代表相关关系是5%的显著性水平，**代表相关关系是1%的显著性水平，***代表相关关系是0.1%的显著性水平。

表5-8的实证结果表明：

第一，有控制变量和没有控制变量的条件下，企业的货币现金与企业规模都存在着显著的正相关关系（$p<0.1$），表明通过货币资金的途径，是可以增加企业的规模，壮大企业的经济规模，资本运作是一种很好的途径选择。

第二，在有控制变量的条件下，市场份额也可以有利于企业的规模扩张，呈显著的正相关关系（$p<0.1$），说明企业家的倾向于规模扩张，在实践中通过扩大市场规模有利于企业规模壮大；企业的产权性质也呈现出正的相关关系，说明国有企业比民企和其他类型企业更加愿意规模扩张。

5.3 企业经济效益对企业规模影响的实证研究

5.3.1 理论基础与研究假设

规模与经济效益之间存在着三种关系：规模收益递增、规模收益不变、规模收益递减。我们得出规模与经济效益的关系是不确定的，也表明规模经济是有条件的。当规模与经济效益存在正比关系的条件是：在一定技术水平下，扩大企业的生产规模，使产量增加的比例大于要素投入增加的比例才成立，否则，就是等比关系，甚至是反比关系。① 规模经济本质上是一种适应性生产经营规模带来的经济效益。规模经济并非“规模大”的经济，既非越大越经济，亦非越小越经济，而是一个适度规模、有效规模，从而具备收益规模的经济。企业的生产经营都具有一定的规模，最小有效规模是企业生存的基础。处理好企业做大和做强的关系通过规模经营实现经济效益的典范。

十八大报告指出：“坚持科学发展观要以加快转变经济发展方式为主线，把推动发展的立足点转到提高质量和效益上来”。在十八大以后的第一次中央经济工作会议，提出要加大经济结构调整力度，提高经济增长质量和效益②。坚持经济增长数量、质量和效益相统一是经济发展规律的内在客观要求，因此，我们要处理好经济增长数量、质量和效益的关系，在

① 邓志阳，警惕规模经济决策的误区［J］．管理经营之道，1996（10）

② 魏礼群．重在经济增长数量质量和效益相统一［J］．求是，2009（8）

提高经济增长质量和效益的基础上，能够增加经济增长的数量，是未来中国的经济增长要长期坚持的方针。

世界上的任何事物都可以看成是数量和质量的统一，经济增长可以看成既是国民财富数量的扩张过程，也是财富质量不断提升的过程，是数量扩张和质量提升的统一表现。一般来说，数量与质量是同一个问题的两个方面，它们构成了经济增长过程的全部内容，多恩布什与费希尔在其《宏观经济学》中认为经济增长过程“是生产要素积累和资源利用的改进或要素生产率增加的结果。”① 其中，生产要素积累强调生产投入规模的扩大，产出数量的增长，而资源利用的改进或要素生产率增加则是经济增长质量提高的具体体现。

经济效益解决的是产出最大化问题，通过在经济增长中投入和产出的比较，关注的是投入要素边际产量的增长，假设在既定边际产量的情况下，要素投入逐渐增加，表明在生产过程存在着生产要素的过度投入，也表明经济增长的效益是在逐渐下降，反之则是经济增长效益提高的变现。经济增长过程中，经济增长的经济效益要求以最小的成本投入换取最大的收益，假设在投入要素的结构保持合理比例关系的条件下，凭借较少的投入就会带来较高的产出，使各种要素的边际产量得到增长，从而实现效益的经济增长。因此，要素投入与产出之比是提高效益的条件，投入要素的边际产量是衡量经济效益增长的重要指标。②

规模与经济效益的关系可以看出，经济效益决定企业的生命，规模成就企业的发展，创造企业的品牌，只有规模与经济效益有机结合，相互促进、相互制约，才能把企业做大、做强。做大与做强是两个概念，做大是规模问题，是量的范畴；做强是效率、效益问题，是质的范畴。做大企业在一定阶段内可以实现扩大规模，但不意味着有了质的提高、实现了做强。规模产生经济效益。没有规模、企业的经济效益就没有坚实的基础；

① 多恩布什，费希尔．宏观经济学［M］．北京：中国人民大学出版社，1997.

② 任保平，李娟伟．实现中国经济增长数量、质量和效益的统一［J］。西北大学学报．2013（1）

反之，如果企业有规模，没有经济效益，企业就难以生存；如果企业有经济效益，没有规模，企业就难以做大、做强，不能够创造知名品牌。反过来，企业在规模产生效益基础上，经济效益扩张又能加速企业规模的扩大。也就是说，任何企业都应该把企业的增长，市场份额的占比、产品结构调整纳入整体规划中，协调发展，才能使企业的规模与经济效益有机结合起来。同时，企业的社会效益与自身效益也能够得以充分实现，才能树立品牌、创造品牌，使企业充满生机盎然的活力。因此提出假设命题5.3：

H5.3：企业的规模可以产生经济效益，反之，企业有规模没有经济效益，企业难以生存，即企业经济效益对企业的规模产生重要的影响。

5.3.2 模型的设定

因变量，$NPGR_{it}$，表示样本企业 i 在第 t 年的经济状况，即净利润增长率，采用企业当期利润与上期利润差与上期利润的比值来表示。

自变量 $ASSET_{it}$，表示样本企业 i 在第 t 年的资产，一般选用用总资产的对来衡量。

控制变量1，ESA_{it},表示样本企业 i 在第 t 年的企业规模偏好水平，该变量反映了企业的规模偏好水平的高低，用第四章计算所得到的综合评价结果做为该变量的赋值。

控制变量2，ZLR_{it}，表示样本企业 i 在第 t 年的资产负债率，表示样本企业的长期偿债能力。表示企业的产出能力，具有一定的风险能力。

控制变量3，CR_{it}，表示样本企业 i 在第 t 年的企业流动比率，采用样本企业的流动资产与流动负债比值来表示，具有一定的风险性。

控制变量4，MFR_{it}，表示样本企业 i 在第 t 年的管理费用率，用样本企业的年管理费用与年收入之比来表示，管理费用率越高，表示企业内部协调难度大，公司的规模越大。

根据所设定的各种变量，验证所提出的假设命题，设定模型如下：

$$NPGR_{it} = \beta_0 + \beta_1 ASSET \quad (5.5)$$

$$NPGR_{it} = \beta_0 + \beta_1 ASSET + \beta_2 ESA + \beta_3 ZLR + \beta_4 CR + \beta_5 MFR \quad (5.6)$$

表 5－9　企业经济效益的变量的涵义与解释

变量	变量名称	涵义	解释变量
因变量	NPGR	净利润增长率	当期利润与上期利润差与上期利润的比值
自变量	ASSET	资产	选用总资产的对数衡量
控制变量	ESA	规模偏好	采用第四章综合分析结果
	ZLR	资产负债率	长期偿债能力
	CR	流动比率	流动资产与流动负债比值
	MFR	管理费用率	年管理费用与公司年收入之比

5.3.3　样本的选择与描述性统计

本文选取 2009—2012 年间上市公司数据作为研究样本，同时剔除了数据不全，金融类和保险类的上市公司，剔除了行业模糊的行业公司，最终得到：2400 个数据。所有选取的样本数据均来自国泰安 CSMAR 经济金融研究服务中心，部分数据来自于手工计算，部分遗漏和缺失数据还根据上市公司公布的年报进行了补充。

表 5－10 对企业规模的相关变量进行了描述，包括了样本企业的规模，净利润增长率，资产负债率，勒纳指数，管理费用率，流动比率。并按照平均值（mean），中位数（p50 ），标准差（sd），最小值（min），最大值（max），分别进行了统计，结果如下表

表 5－10　企业经济效益对企业规模的影响的描述性统计

变量	mean	p50	sd	min	max
NPGR	4.24e+08	8.13e+07	3.49e+09	－1.03e+10	1.31e+11
ASSET	9.48985	9.420679	0.5865812	6.831203	12.33623
ZLR	0.4763279	0.4485595	0.568474	0.011034	12.12736
LENA	8.98e+09	1.42e+09	7.71e+10	3480733	2.79e+12
MFR	0.1128302	0.080386	0.2759968	0.002154	11.63283
CR	2.870533	1.576278	4.712085	0.011003	86.69965

5.3.4 企业规模相关变量之间的 Pearson 相关系数

表 5－11 对企业经济规模相关变量进行了 Pearson 相关性分析

表 5－11 企业经济效益对企业规模影响的 Pearson 相关系数

变量	NPGR	ASSET	ZLR	LENA	MFR	CR
NPGR	1.0000					
ASSET	0.2953***	1.0000				
ZLR	0.0018	0.0286	1.0000			
LENA	0.8329***	0.2964***	0.0256	1.0000		
MFR	-0.0240	-0.2076***	0.1071***	-0.0290	1.0000	
CR	-0.0305	-0.2308***	-0.2409***	-0.0419*	0.0681***	1.0000

注：*代表相关关系是 5% 的显著性水平，**代表相关关系是 1% 的显著性水平，***代表相关关系是 0.1% 的显著性水平。

Pearson 相关性分析结果表明：样本企业的资产经济对企业的规模有互动的作用，呈显著的正相关关系（$p<0.1\%$），相关系数为 0.2953，净利润增长率高表明经济状况良好的企业，越倾向于作大企业，做强作大企业，是企业追求的目标；

勒纳指数与经济的净利润增长率成显著的正相关关系（$p<0.1\%$），相关系数为 0.8329，勒纳指数表示市场势力，市场势力越大，越有利于经济的增长；企业其余的流动比率，管理费用率，资产负债率的影响均无明显的。

5.3.5 企业经济效益对企业规模的实证检验结果与分析

本文运用 stata12.0 计量软件工具，对实证进行了检验和分析，在实证中，被解释变量为企业规模经济，解释变量为企业规模，控制变量为资产负债率，勒纳指数，管理费用率，流动比率。分别输入模型（5.5）和模型（5.6），进行回归分析，得到如下检验结果。其中 F 值分别为 229.14 和 1101.73，并且在 0.1% 水平上显著，这意味着模型的总体假设是有效的，在总体上通过了检验。

表 5－12　企业经济效益对企业规模影响的实证研究

模型	NPGR（5.5）			NPGR（5.6）		
解释变量	系数	T 值	标准误	系数	T 值	标准误
ASSET	1.76e+09***	15.14	1.16e+08	3.53e+08***	4.80	7.35e+07
ZLR				-1.19e+08	-1.66	7.18e+07
LENA				0.0369558***	69.26	0.0005336
MFR				1.68e+08	1.14	1.47e+08
CR				8795284	1.00	8838773
常数项	-1.63e+10***	-14.72	1.10e+09	-3.24e+09***	-4.58	7.07e+08
观测值	2400			2400		
R^2	0.0872			0.6971		
调整 R^2	0.6971			0.6964		
F 值	229.14			1101.73		
Prob > F	0.0000			0.0000		

注：*代表相关关系是5%的显著性水平，**代表相关关系是1%的显著性水平，***代表相关关系是0.1%的显著性水平。

表 5－12 结果表明：

第一，有控制变量和没有控制变量的条件下，企业的经济状况与企业规模都存在着显著的正相关关系（$p<0.1\%$），表明经济条件好的企业，是可以增加企业的规模，壮大企业的经济规模。

第二，在有控制变量的条件下，勒纳指数利于企业的规模扩张，呈显著的正相关关系（$p<0.1\%$），勒纳指数反映了企业的市场势力，市场势力越强，越有利于企业的规模扩张。其余的资产负债率，流动比率和管理费用率对企业规模经济的影响不是很明显。

第六章　结论和展望

本章对全文的研究结论进行了归纳和总结概括，对结论进一步的启示做了探讨，并指出了论文的不足之处和对今后的展望。全文共分为六部分。整体思路是按照“提出问题，分析问题，解决问题”的大框架系统构成。宏观上，先理论分析，后实证研究，并且实证与理论是遥相呼应的，前面提出的理论，后面随即进行了验证，逻辑上每个环节紧密相扣。比如，理论部分提出影响规模的因素，也是影响规模经济的因素，后面实证进行了分析，运用计量方法进行了企业属性对规模的影响因素分析；理论提出了规模偏好，实证部分运用主成分分析规模偏好的综合评价；理论比较经济规模与规模经济，实证部分在分析了规模对效益的影响之后，又反之，企业效益对规模的影响分析，符合现实中“做强做大”，“质”与“量”是统一互动的辩证思想；理论提出实现规模经济的路径，实证部分分别进行建模进行验证。

具体来说，第一部分是研究背景与意义，提出相关概念界定与研究方法、研究内容、研究特色与创新。第二部分是相关文献回顾，规模经济的理论溯源、理论基础、形成原因，规模经济与规模不经济、规模报酬、经济规模、范围经济的联系与区别，影响规模经济的因素，限制规模经济的因素，最后进行文献述评。第三部分，影响规模决策理论的机理分析。指出规模决策本质是适度规模，运用有限理性理论、期望效用理论、协同理论、规模限制理论进行理论基础分析；从不同视角对规模偏好理论假设，包括企业成长、一体化、竞争优势、企业文化等理论；提出企业边界的子边界，规模边界和能力边界，以及规模边界和能力边界的动态演化理论；最后，提出实现规模经济的路径，并购，资本运营，资本积聚和资本集中。第四部分是企业规模偏好水平的综合评价，选取投入和产出两个维度的指标，构建企业规模偏好水平的综合评价模型，采用主成分分析法对 2009－2012 年的企业规模偏好进行了综合评价，并通过实证检验了企业的属性特征对企业规模偏好的影响。第五部分是企业规模经济的有效路径影响的实证研究。构建了并购路径模型和资本运营路径模型的两大多元回归模型，选取了 2009－2012 年的上市公司数据作为研究样本，进行实证检验，并构建企业效益对规模的多元回归模型，进行检验企业经济效益对企业规模的影响。第六部分为研究结论启示与未来展望。

6.1 研究结论

本文对企业的规模理论的形成原因以及相关理论进行了深入的分析探讨，并研究了规模决策理论的影响机理分析。规模经济是规模决策的理论基础。企业追求规模经济，但同时也会出现规模不经济，规模经济并不等同于规模报酬，也不等同于经济规模，他们有着本质的区别。规模经济和范围经济都是减低成本的手段。影响企业规模的因素有创新、一体化、企业的生命周期、组织惯性、企业的效率等异质性方面。同时，也存在限制企业规模的因素，如同一枚硬币的正反两个方面。现实中，规模决策问题的表现形式是动态的适度规模，很难存在最优，产生了有限理性假说，规模限制理论说明大规模、小规模并不都是好的，只有适度规模才是满意规模。规模偏好理论的提出，不仅使规模作为实体形态有了认识，而且从意识形态认识企业的规模，人们的潜意识里有规模的偏好。企业的规模不是无止境的，而是有限的，规模边界和能力边界的动态演进决定了企业的边界。并购、资本运营、资本积聚和资本集中是目前较好的形成适度规模有效路径。

本文从投入和产出两个维度选取样本，构建了企业规模偏好水平的综合评价模型，采用主成分分析法选用 2009 – 2012 年的上市公司数据，对企业规模偏好进行综合评价，并通过实证研究检验了企业属性特征对规模偏好的影响。研究结论如下：净利润增长率与企业的规模偏好呈现出显著的正相关关系，表明企业的盈利能力越强，越倾向于扩大规模，增加企业实力；管理费用率与企业规模偏好存在显著的负相关关系，这表明随着企业规模扩大，管理成本、内部协调费用在上升，收益在减少，企业不愿意再扩大规模；企业的实际控制人和两职兼任，还有企业所属的行业与企业的

规模偏好都不存在显著的相关关系，

本文构建了企业规模经济的有效路径实现的模型，并购路径模型和资本运营路径模型，选取 2009 – 2012 年的上市公司数据作为研究样本，并用多元回归进行计量分析验证，并构建了企业经济效益对企业规模的模型，进行回归验证，结论如下所述：企业的并购活动和资本运营都存在着显著的正相关关系（$p < 0.1$），表明通过并购和资本运营的途径，是可以增大企业的规模，壮大企业的经济规模，并购和资本运营都是一种很好的途径选择。勒纳指数利于企业的规模扩张，呈显著的正相关关系（$p < 0.1\%$），勒纳指数反映了企业的市场势力，市场势力越强，越有利于企业的规模扩张，表明经济效益好的企业，是可以增加企业的规模，壮大企业的经济规模。

6.2 研究启示

有关规模决策的问题一直是学术界和政府部门关注的热点问题之一，规模是困扰企业界和理论界的重大问题之一。目前，大企业和大集团的不断出现，引发了“大公司病”，企业的规模过大，造成管理层级增加，机构臃肿，企业变得更加复杂，管理协调困难，管理成本在上升，出现了“X 非效率”现象。企业在规模的基础上追求利润，容易陷入“规模经济陷进”。还有的企业认为“船小好掉头”，“小的是美好的”，甚至有的企业认为，企业的规模无关论的看法。关于企业的规模大小决策问题众说不一。

企业界关注企业规模大小已有很长久的时间了，比如“做大与做强”的问题，在经济学意义上的企业规模可以从两个相互正交的维度——企业的横向规模和企业的纵向规模——两方面来度量。规模决策问题的理论基础是规模经济，企业的规模经济不仅是经济学的重要理论之一，而且也是管理学研究的范畴。从微观上看，企业的适度规模，能够使企业的市场占有率得到扩大，从而使企业本身对市场的支配能力增强；通过企业适度规模能够充分整合社会上的多种资源，充分地利用各种资源带来的优势；通过企业的适度规模，使企业生产效率得到极大的提高；通过企业的合理规模，使企业的各种成本得到减少，这些都能够有利于企业在市场上的竞争地位。在中观层面上看，通过企业的适度规模，可以很好发挥企业整合市场的功能，从而来减少产业内存在的过度竞争，减少当重复使用资源时而引起的资源浪费现象。在宏观的角度上，通过企业的适度规模，能够增强企业自身和行业的市场竞争能力，这也明显会提高国家在国际上的竞争地位。基于此，本文对企业的规模决策问题进行了理论和实证，定量和定性两个辩证角度的分析，从而揭示规模决策的实质，为企业提供了有意义的建议，完善了目前关于“做大做强”的理论思潮，为目前提倡的深化企业改革提供独到的见解。

6.3 研究不足和未来展望

由于企业的规模经济不仅是属于管理学领域，而且还属于经济学等领域，因此，在进行规模决策理论研究过程中，准确把握多学科交叉的知识阐述不够。尽显知识的广度和深度地不足，规模本身的理论的复杂性和广泛性的原因，需要进一步的完善。

第一，企业规模理论根源的挖掘中，涉及到了规模经济的理论溯源、理论基础、形成原因，规模经济与规模不经济、规模报酬、经济规模、范围经济的联系与区别，影响因素（积极方面），限制因素（消极方面），可能还不够全面和深入。在进行规模决策理论的机理分析，试图从意识形态规模偏好，有形实体规模两方面，企业内部环境，社会外部环境结合去分析，但是对于法律和制度方面还是欠缺。

第二，在企业规模偏好水平综合评价中，从投入产出两个维度选取七个指标对企业规模偏好水平进行了综合评价，可能还有更适合的指标遗漏，没有尝试其他的维度进行更加全面的综合评价。

第三，在本文进行的实证检验中，选取的都是2009－2012年的上市公司数据作为研究样本，时间序列较短，可能影响实证结果的准确性。进行检验的指标变量间的多重共性性没有充分验证，还可能极小干扰项和解释变量存在内生性，这都会影响验证结果的准确性。在以后研究中，充分考虑此情况，以求实证更精确。

参考文献

[1]Abernathy and Utterback, 1978, "Patterns of Innovation in Industry", Technology Review, 80(7), pp. 40 -47.

[2]Acs, Z. J. And Audretsch, D. B. "Innovation, Market Structure, and Firm Size. "Review of Economics and Statistics, 1987, 69(4) , pp. 567 -574.

[3]Acs Z. J. & Audretzsch D. G. , 1991, "Innovation and Size at the Firm Level", Southern Economic Journal,37, pp. 739 -734.

[4]Allocca, Michael A. , Kessler, Eric H. , 2006, "Innovation Speed in Small and Medium - Sized Enterprises", Creativity & Innovation Management,15 (3), pp. 279 -295.

[5]Alfred D. Chandler, The visible hand : the managerial revolution in American business J r. Belknap Press, 1977.

[6] Aghion, Philippe; B loom, Nicholas; Blundell, Richard; Griffith, Rach el and Howitt, Peter. "Competition and Innovation: An Inverted Relationship." Quarterly Journal of Economics, 2005, 20(2), pp. 701 -728.

[7]Amburgey T. L. & Miner, A. S. Strategic momentum: the effects of repetitive positional and central momentum on merge activity[J]. Strategic Management Journal,1992:335 -348.

[8]Arrow, K. Economic welfare and the allocation of resources for invention, In: Nelson R. (Ed), The rate and direction of invention activity. Princeton Uni. Press, Princeton,1951.

[9]Bottazz,i G. On the Relationship between Firms' Size and Growth Rate [J]. Economics Bulletin, 2008, 3(8): 1 -7.

[10] Barton. D. L. Core Capabilities and Core Rigidities: A Paradox in Managing New Product Development [J]. Strategic Management Journal, 1992 (13):25 - 111.

[11] Barth M, Clinch G. Scale Effects in Capital Markets - Based Accounting Research. Journal Of Business Finance & Accounting. April 2009;36(3/4): 253 - 288.

[12] Banker R. D. Estimating Most Productive Scale Size Using Data Envelopment Analysis [J]. European Journal of Operations Research, 1984, (17).

[13] Banker R. D. and Thrall R. M. Estimation of Returns to Scale Using Data Envelopment Analysis [J]. European Journal of Operations Research, 1992, (62).

[14] Barrios, S., L. Bertinelli and E. Strobl, 2006, "Geographic Concentration and Establishment Scale: An Extension Using Panel Data", Journal of Regional Science, Vol. 46, pp. 733 - 746.

[15] Bound, J., Cummins, C., Griliches, Z., Hall, B. H. And Jaffe, A., 1984, "Who Does R&D and Who Patents", in Griliches, Z. (ed.), R&D, Patents and Productivity, Chicago: University of Chicago Press.

[16] Caves, D., Christensen, L., & Swanson, J. (1981). Productivity Growth, Scale Economies and Capacity Utilisation in U. S. Railroads, 1954 - 74. American Economic Review, 71(5), 994 - 1002.

[17] Charnes A., Cooper W. W, Rhodes E. Measuring the Efficiency of Decision Making units [J]. European Journal of Operational Research, 1978, (2).

[18] Cohn, C., 1992, "Returns to Scale and Economies of Scale Revisited", Journal of Economic Education, Vol. 23, Issue 2, pp. 123 - 124.

[19] Cose. Romnald. The Nature of The Firm. Economica November, 1937. No. 4. 386 - 405.

[20] Corton M. Sector fragmentation and aggregation of service provision in the water industry. Journal Of Productivity Analysis. April 2011; 35 (2):

159 – 169.

[21]Choo Yap, Y. Economies of Scale in the Non – Life Insurance Industry in Japan: Did Deregulation Enhance Economies of Scale? Journal Of Insurance Regulation, 28(2), 47 – 71.

[22]Callon, J., 1995, "Competitive Advantage Through Information Technology", New York: McGraw – Hill Education.

[23]Drucker, 1973, "Management: Tasks, Responsibilities, Practices", New York: Harper 6c Row.

[96]Drucker, 1983, "The Concept of the Corporation", New York: New American Library.

[24]Dorothy L. B. Core Capabilities and Core Rigidities: A Paradox in Managing New Product Development [J]. Strategic Management Journal, 1992 (13):111 – 125.

[25]E. H. Chamberlin, Proportimality, Divisibility and Economies of Scale. Quarterly Journal of Economics, Vol. 7, NO. 2, Feb, 1948. pp. 229 – 262.

[26]Friedman, Milton and Savage, L. J. Utility Analysis of Choices Involving Risk[J]. Journal of Political Economy, 1948, 56(4):279 – 304.

[27]Frazier, J. Using a single product cost function to predict economies of scale in college athletic departments: the case of private four year institutions. International Journal Of Business & Economics Perspectives, 7(1), 21 – 32.

[28]Fleisher, B. M. and Liu. Y., 1992, "Economies of Scale, Plot Size, Human Capital, and Productivity in Chinese Agriculture", Quarterly Review of Economics and Finance, Vol. 32, Issue 3, pp. 112 – 123.

[29]Gayle. P. G. "Market Concentration and Innovation: New Empirical Evidence on the Schumpeterian Hypothesis." Kansas State University, Department of Economics, working paper, 2003.

[30]Galbraith, J. K., 1952, American Capitalism: The Concept of Countervailing Power, Boston: Houghton – Mifflin.

[31]Glass, V. , & Stefanova, S. Economies of scale for broadband in rural United States. Journal Of Regulatory Economics, 41(1), 100 - 119.

[32]Grieve, R. H. Pecuniary External Economies, Economies of Scale and Increasing Returns: A Note of Dissent. Review Of Political Economy, 22(1), 127 - 140.

[33]Grant R. The Resource - based Theory of Competitive Advantage Implications for Strategy Formulation [J]. California Management Review , 1996(33);3 - 114.

[34] Greiner, L. E. , 1972, " Evolution and Revolution as Organization grow", Harvard Business Review ,July/ August: 37 - 46.

[35]Gramley, Lyie E. A Study of Scale Economies in Banking. Kansas City, Mo. Federal Reserve Bank of Kansas City, 1962.

[36]Haveman H. A. Organizational size and change: Diversification in saving and loan industry after deregulation[J]. Administrative Science Quarterly, 1993:20 - 50.

[37]Hanan, Freenman. Structural Inertia and Organization Change[J]. American Sociological Review, 1983,(29): 149 - 164.

[38]Hao, J. C. Using the Fourier Function to Estimate Scale and Scope Economies - The Case of Taiwan's Life Insurance Industry. International Journal Of Management, 26(1), 18 - 25.

[39]Haouas, I. , & Heshmati, A. Economies of Scale in the Tunisian Industries. International Journal Of Economics & Finance, 5(1), 48 - 64.

[40]Haouas, I. , & Heshmati, A. Economies of Scale in the Tunisian Industries. International Journal Of Economics & Finance, 5(1), 66 - 72.

[41]Halliday, T. J. Mismeasured Household Size and its Implications for the Identification of Economies of Scale. Oxford Bulletin Of Economics & Statistics, 72(2), 246 - 262.

[42]Hannah , L. and Kay, J. , 1977. Concentration In Modern Industry,

London: Macmillan.

[43]Holcombe, R. G. , & Williams, D. W. Are there economies of scale in municipal government expenditures. Public Finance & Management, 9(3), 416 –438.

[44]Hicks, C. C. How Do We Value Our Reefs? Risks and Trade offs Across Scales in 'Biomass – Based' Economies. Coastal Management, 39(4), 358 –376.

[45]Holmes,T. and J. J. Stevens,2002,"Geographic Concentration and Establishment Scale",Review of Economics and Statistics,Vol. 84,pp. 682 –690.

[46] Humphrey, J. , Schmitz, H. , 2000, "Governace and Upgrading: Linking Industrial Cluster and Global Value Chains Research",IDS Working Paper, No. 12, Institute of Development Studies,University of Sussex.

[47]Henderson , Vernon , 1974 ,"The Sizes and Types of Cities", American Economic Review 64 , 640 –656.

[48]Henderson , Vernon , 2003 ,"Marshallps Scale Economies", Journal of Urban Economics 53 , 1 –28.

[49]Iacobucci E. Reputational Economies of Scale, with Application to Law Firms. American Law & Economics Review . Spring2012 2012;14(1):302 –329.

[50]Ibne Afzal, M. , & Lawrey. Evaluating the Comparative Performance of Technical and Scale Efficiencies in Knowledge – Based Economies (KBEs) in ASEAN: A Data Envelopment Analysis (DEA) Application. European Journal Of Economics, Finance & Administrative Sciences, (51), 81 –95.

[51]John B. Parr, Economies of scope and economies of agglomeration: The Goldstein – Gronberg contribution revisited, Springer – Verlag Heidelberg, T he Annals of Regional Science, Volume 38, Number1, Page1.

[52]Kassembe, E. , & Zhao, G. The Bulk Carrier Maximum Optimal Ship Size. International Journal Of Business & Management, 8(4), 44 –49.

[53]Kasman, A. , & Turgutlu, E. Cost efficiency and scale economies in

the Turkish insurance industry. Applied Economics, 41(24), 3151 –3159.

[54]Kamien, M. I. and Schwartz, N. L. , 1972, "Timing of Innovations under Rivalry", Econometrica , 40, 43 –60.

[54]Kaplan, A. D. , 1954, Big Enterprise in a Competitive System, Washington, D. C.

[56]Kim, S. ,1995, "Expansion of Markets and the Geographic Concentration of Economic Activities: the Trends in the U. S. Regional Manufacturing Structure, 1860 –1987", Quarterly Journal of Economics, Vol. 110, pp. 881 –908.

[57]Kamien, Morton I. and Schwartz, Nancy L. , 1981, Dynamic Optimization, New York: Elsevier North Holland, Inc.

[58]La Porta, R, F. Lopez – de – Silanes, A. Shleifer, R. Vishny. Law and Tinance [J]. Journal of Political Economy, 1998, 106(6) : 1113 –1114.

[59]Levin, R. C. ; Cohen, W. M. And Mowery, D. C. / R& D Appropriability, Opportunity, andM ark et Structure: New Evidence on S om e Schumpeterian Hypotheses. 0 American Economic Review, Papers and Proceedings, 1985, 75(2) , pp. 20 –24.

[60]Loeb, P. D. , and Lin, V. , 1977, "Research and Development in the Pharmaceutical Industry – A Specification Error Approach", Journal of Industrial Economics , 26(1) , 45 –51.

[61]Logan, T. D. Economies of scale in the household: puzzles and patterns from the American past. Economic Inquiry, 49(4), 1008 –1028.

[62]Lu, J. and Z. Tao, 2009, "Trends and Determinants of China' s Industrial Agglomeration", Journal of Urban Economics, vol. 65, pp. 167 –180.

[63]M. Kalecki, The principle of Increasing Risk, Economica Vol. IV(New Series), Nov. 1937, pp. 440 –447.

[64]Melhim, A. , & Shumway, C. Enterprise diversification in US dairy: impact of risk preferences on scale and scope economies. Applied Economics, 43(26), 3849 –3862.

[65] Mohapatra, R. Farmers' Education - - Cost Efficiency and Economies of Scale: Evidence from Orissa. ICFAI Journal Of Agricultural Economics, 6(3/4), 66 - 78.

[66] Mukherjee, A. External Economies of Scale and Insufficient Entry. Journal Of Industry, Competition & Trade, 10(3/4), 365 - 371.

[67] Malizia, Emil and Shanzi Ke, 1993, "The Influence of Economic Diversity on Unemployment and Stability", Journal of Regional Science 33, 221 - 235.

[68] Marshall, Alfred, 1920, Principles of Economics, 8th edition, Macmillan &Co., London.

[69] Moomaw, Ronald, 1986, "Have Changes in Localization Economies Been Responsible For Declining Productivity Advantage in Large Cities ?" Journal of Regional Science 26, 19 - 32.

[70] Mickal Lothgren, Magnus Tambour. Alternative Approches to Estimate Returns to Scale in DEA - Models. Working Paper NO. 90, Stockholm School of Economics. 1996:1 - 23

[71] Numa, G. Dupuit and Walras on the Natural Monopoly in Transport Industries: What They Really Wrote and Meant. History Of Political Economy, 44(1), 69 - 95.

[72] Nauges C, van den Berg C. Heterogeneity in the Cost Structure of Water and Sanitation Services: A Cross - country Comparison of Conditions for Scale Economies. Oxford Development Studies. June 2010;38(2):199 - 217.

[73] Natke P, Falls G. Economies of scale and the demand for money. Small Business Economics. October 2010;35(3):283 - 298.

[74] Ocasio, 1994, / Political Dynamics and Circulation of Power: CEO Succession in U. S. Indust rial Corporations, 1960) 19900, Administrative Science Quarterly, 39, 291.

[75] Patari, S., Kylaheiko, K., & Sandstrom, J. Relative Effects of Scale -

Versus Scope - Based Strategies on Company Performance: An Empirical Study of Energy Companies. International Journal Of Management, 29(3), 261 - 273.

[76]Penrose. E. T. The Theory of The Growth of The Firm [M]. Oxford: Basil Blackwell, 1959:57 - 95.

[77] Patten, C. F. , 1971, Economics of Scale In Manufacturing Industry, Cambridge: Cambridge University Press.

[78]Panzar , John C. and Robert D. Willig. Economies of Scope[J]. American Economic Review ,1981, (2) :268 - 272.

[79]Papachristou G. Scale economies of lotto once more. Applied Economics Letters . February 20, 2009;16(3):319 - 323.

[80]Porter, M. E. 1998, Cluster and New Economics of Competition, Harvard Business Review, 11.

[81]Penrose. E. T. The Theory of The Growth of The Firm [M]. Oxford: Basil Blackwell, 1959:57 - 95.

[82]Porter , Michael , 1998 , "Clusters and the New Economics of Competition", Harvard Business Review , Nov. 2Dec. , 77 - 90.

[83]Rabellotti, R. 1997, Footwear Industrial Districts in Italy and Mexico. In Enterprise Clusters and Networks in Developing Countries, edited by Van Dijk and Roberta Rabellotti. London: Frank CASS.

[84]Southwick, L. Economies of Scale in Local Government: General Government Spending. I - Business, 4(3), 265 - 278.

[85] Stimpert, J. L. , & Laux, J. A. Does Size Matter? Economies Of Scale In The Banking Industry. Journal Of Business & Economics Research, 9 (3), 47 - 55.

[86]Sufian F. The Impact of Risk on Banks´Technical and Scale Efficiency: Empirical Evidence from the Chinese Banking Sector. IUP Journal Of Financial Economics. March 2010;8(1/2):82 - 102.

[87]Spencer G. Creative economies of scale: an agent - based model of

creativity and agglomeration. Journal Of Economic Geography. January 2012;12 (1):247 -271.

[88]Simon H A, Reason in Human Affairs, Stanford University Press. A readable 115pp. book on human decision - making and information processing, based on lectures he gave at Stanford in 1982, 1983.

[89]Stigler, G. J. ,1950. Monopoly And Oligopoly by Merger, American Economic Review Papers and Proceedings 40, May ,pp23 -34.

[90]Schumpeter, J. A. , 1942, Capitalism, Social ism and Democracy, Unwin, London.

[91]Sull D N. Why good companies go bad[J]. Harvard Business Review. 1999,(4):42 -52.

[92]Soete , L. L. G. , 1979, "Firm Size and Innovation Activity",European Economic Review, (12),pp. 319 -340.

[93]Segal , David , 1976 ,"Are There Returns to Scale in City Size ?"Review of Economics and Statistics 58 , 339 -350.

[94]Scherer, 1965, "Firm Size , Market Structure, Opportunity and the Output of Patented Inventions", American Economic Review. (53)Scherer, 1984

[95] Scott, J . T. , 1984, "Firm Versus Industry Variability in R&D Intensity", in Griliches, Z. (ed.), R&D, Patents and Productivity, Chicago: University of Chicago Press.

[96] Steindl J (1965) Random processes and the growth of firms. Griffin, London

[97]Taylor, M. J. ,1975, " Linkage Change and Organizational Growth: The Case of the West Midlands Iron Foundry Industry", Economy Geography, 54,314 -336.

[98]Teece, D. 1980, Economies of Scope and the Scope of the Enterprise, Journal of Economic Behavior and Organization, 1:223 - 247,Sept.

[99]Vaona, A. , M. Pianta. Firm Size and Innovation in European Manu-

facturing[J]. Small Business Economics,2008, 30(3): 283 -299.

[100]Valdmanis, V. G. Measuring Economies of Scale at the City Market Level. Journal Of Health Care Finance, 37(1), 78 -90.

[101]杰伊·B·巴尼. 资源基础理论创建并保持竞争优势. 格致出版社. 2011

[102]高波,于良春. 中国银行业规模经济效应分析[J]. 经济评论, 2003,(01):124 -128.

[103]杜莉,王锋,齐树天. 我国商业银行规模经济及其状态比较[J]. 吉林大学社会科学学报,2003,(01):88 -95.

[104]任志安. 知识共享与规模经济、范围经济和联结经济[J]. 科学学与科学技术管理,2005,(10):119 -124.

[105]王颖. 供应链联盟与纵向一体化比较研究[J]. 经济师, 2006 (7): 30 -32.

[106]钱德勒. 看不见的手:美国企业的管理革命[M]. 北京:商务印书馆, 1987.

[107]张元智,马鸣萧. 企业规模、规模经济与产业集群[J]. 中国工业经济,2004,(06):29 -35.

[108]李怀. 基于规模经济和网络经济效益的自然垄断理论创新——辅以中国自然垄断产业的经验检验[J]. 管理世界,2004,(04):61 -81.

[109]刘咏,陈荣耀. 能力本位与企业成长战略[J]. 经济与管理研究, 2001(4):63 -66.

[110](美)保罗·A·萨缪尔森,威廉·D·诺德豪斯. 经济学(上册)[M]. 北京:首都经济贸易大学出版社,1996.

[111]何卫刚. 规模经济与范围经济的适用性[J]. 经济问题,2005,(04):27 -29.

[112]林凌:《企业重组理论与实务》,国家经贸委经济干部培训中心(内部),1997 年版,第 189 页

[113]刘文通:《公司兼并收购论》,北京大学出版社,1997 年版,第

41 页

[114]施蒂格勒:《产业组织与政府管制》,上海三联书店,1989 年版,第 3 页

[115]于·弗雷德·威斯通:《兼并、重组与公司控制》,经济科学出版社,1998 年版

[116]许庆,尹荣梁,章辉. 规模经济、规模报酬与农业适度规模经营——基于我国粮食生产的实证研究[J]. 经济研究,2011,(03):59 - 71.

[117]邓志阳,警惕规模经济决策的误区[J]. 管理经营之道,1996(10)

[119]魏礼群.重在经济增长数量质量和效益相统一[J].求是,2009,(8)

[120]多恩布什,费希尔. 宏观经济学[M].北京:中国人民大学出版社,1997.

[121]任保平,李娟伟. 实现中国经济增长数量、质量和效益的统一[J]。西北大学学报. 2013(1)

[122]郭德君. 规模经济的哲学反思[J]. 特区经济,2007,(04):264 - 265.

[123]郭德君. 中庸思想与规模经济的适度性研究[J]. 特区经济,2007,(08):273 - 275.

[124]陈敏,桂琦寒,陆铭,陈钊. 中国经济增长如何持续发挥规模效应?——经济开放与国内商品市场分割的实证研究[J]. 经济学(季刊),2008,(01):125 - 150.

[125]白旻. 边界效应、规模效应与后发大国的产业发展战略[J]. 世界经济研究,2009,(08):3 - 8.

[126]伊淑彪,丁启军. 中国钢铁企业规模经济效率分析[J]. 山西财经大学学报,2009,(03):51 - 57.

[127]李继民,胡坚. 中国银行业市场结构、绩效与规模经济——基于 2004 - 2007 年面板数据的实证研究[J]. 金融理论与实践,2010,(06):3 - 8.

[128]于立,姜春海. 规模经济与自然垄断的关系探讨[J]. 首都经济

贸易大学学报,2002,(05):5－9.

[129]吴汉洪,王刚. 我国企业规模经济现状及实现途径[J]. 经济理论与经济管理,2001,(09):37－42.

[130]彭星间,叶生洪. 论规模经济的本质[J]. 当代财经,2003,(02):5－9.

[131]向国成,韩绍凤. 专业化经济与规模经济的比较分析[J]. 当代财经,2003,(07):5－9.

[132]张辉锋. 传媒业中的规模经济与范围经济[J]. 国际新闻界,2004,(06):57－61.

[133]董艳华,荣朝和. 对铁路规模经济与范围经济的进一步思考[J]. 铁道经济研究,2005,(02):21－28.

[134]胡俊华,周芳. 中国商业银行规模经济实证分析——基于超越对数成本函数法[J]. 黑龙江对外经贸,2006,(01):60－62.

[135]张丽哲. 大银行间并购绩效不显著的原因分析——基于规模经济与规模边界的解释[J]. 上海经济研究,2006,(10):66－69.

[136]程婵娟,陈勇. 我国商业银行规模经济评价方法研究[J]. 当代经济科学,2007,(06):29－36.

[137]孟昌. 规模经济不需要行政性进入壁垒的保护[J]. 经济理论与经济管理,2010,(05):37－43.

[138]李怀,戚聿东. 规模经济不是自然垄断的成因——当代经济学理论谬误评析[J]. 经济与管理研究,2005,(11):19－24.

[139]陈志广,王盛. 进入壁垒、规模经济与交易费用——兼谈反垄断的启示[J]. 人文杂志,2005,(02):54－59.

[140]谷书堂,杨蕙馨. 关于规模经济的涵义及估计[J]. 东岳论丛,1999,(02):68－74.

[141]王京安,企业规模决定论——基于信息和知识的解释[M],中国经济出版社,2006

[142]王绪君,企业规模结构优化——理论,比较,对策[M], 经济科学

出版社,2002

[143]刘明,赵国杰,基于新竞争力视角的企业规模经济性研究[M],冶金工业出版社,2010

[144]孙天法,市场结构范式研究[M],湖北人民出版社,2011

[145]张昕竹,中国垄断行业规制与竞争实证研究[M],中国社会科学出版社,2011

[146]范朋,现代企业理论[M],社会科学文献出版社

[147]戚聿东著. 中国现代垄断经济研究[M]. 经济科学出版社, 1999

[148]戚聿东. 中国经济运行中的垄断与竞争[M]. 人民出版社. 2004

[149]戚聿东. 国有企业信用关系与资本结构调整[J]. 中央财经大学学报, 2001(9):33 - 37.

[150]戚聿东. 垄断的资源配置效应分析[J]. 学习与探索,2000(1):12 - 19.

[151]戚聿东,钟涵. 委托代理条件下企业家的规模偏好及其矫正[J]. 经济管理与研究,2009 (11):35 - 40.

[152]戚聿东,边文霞,周斌. 我国国有经济规模的合理区间探讨[J]. 当代财经,2002(8):47 - 50.

[153][美]克里斯·祖克(Chris Zook) 詹姆斯·艾伦(James Allen),吴彤译,回归核心持续增长的战略[M],中信出版社,2012

[154]李允尧,企业成长能力研究[M],中国物资出版社,2010

[155]孟宪昌,企业扩张论[M],西南财经大学出版社,2001

[156]曹裕,万光羽,关注企业生命周期[M],经济科学出版社,2012

[157]程勇. 多元化与归核化——基于核心资源观的企业战略选择研究[M]. 东南大学出版社,2011

[158]罗彪,管理控制——化战略为行动[M],电子工业出版社,2012

[159]小艾尔弗雷德.D. 钱德勒,企业规模经济与范围经济——工业资本主义的原动力[M],北京:中国经济出版社,1999

[160]平新乔,微观经济学十八讲[M],北京大学出版社,2001,4

[161]陈章武，李朝晖．范围经济:获得竞争优势的一种思路[J]．工业企业管理,2002(12)

[162]迈克尔－波特，竞争优势[M],华夏出版社,1998

[163]于立,吴绪亮．关于“过度竞争”的误区与解疑——兼论中国反垄断立法的渐进式思路[J]．中国工业经济，2007(1)：5－13.

[164]马洪．中国工业经济管理[M](上册)．北京:经济管理出版社，1986:192－193.

[165]宗明华．关于规模研究[J]．经济问题探索,1987(9).

[166]薛和生．改革中的企业规模与企业行为合理化[J]．经济体制改革,1988(4)

[167]董守才、张少华．我国工业企业规模的分析[J]．统计研究,1989(6).

[168]亚当·斯密,国民财富的性质和原因的研究(上卷),商务印馆,1972

[169]穆勒,政治经济学原理(上卷),商务印书馆,1997

[170]马歇尔,经济学原理,商务印书馆,1997

[171]马克思,资本论,人民出版社,1975

[172]萨缪尔森,经济学,人民邮电出版社,1954

[173] R·科斯等,财产权利与制度变迁,上海三联书店,1991

[174]张昕竹主编．中国规制与竞争[M]．社会科学文献出版社，2000

[175]陈敏,桂琦寒,陆铭,陈钊．中国经济增长如何持续发挥规模效应?——经济开放与国内商品市场分割的实证研究[J]．经济学(季刊),2008,(01):125－150.

[176]杨国亮．论范围经济、集聚经济与规模经济的相容性[J]．当代财经,2005,(11):12－16.

[177]芮明杰．管理学－现代的观点[M],上海人民出版社,2005

[178]马斯洛．人类动机的理论,商务印刷出版社,1943

[179]尹义省．企业多元化成长的分类与基本原则[J]．企业管理,

1997(7):88 -93.

[180]白旻. 边界效应、规模效应与后发大国的产业发展战略[J]. 世界经济研究,2009,(08):38 -87

[181]王树文,企业成长与矛盾管理[M],经济管理出版社,2003

[182]赵金秀. 有效竞争与产业组织政策[D]. 重庆大学,2004

[183]王龙伟、李垣、王刊良. 组织惯性的动因与管理研究[J]. 预测,2004 年第 6 期

[184]张伟,产业规模、资本结构与绩效——我国工业的实证分析[J]. 兰州商学院学报,2009 (2)

[185]朱平芳、朱先智. 企业技术创新规模效应分位点回归研究[J]. 技术经济与数量经济研究. 2007 (3)

[186]刘力钢、霍春辉、魏永德. 中国汽车制造企业规模与绩效的关联性研究——基于典型汽车制造企业的实证分析[J]. 辽宁大学学报(哲学社会科学版)2009 (3)

[187]薛薇. 统计分析与 spss 的应用[M]. 中国人民大学出版社,2001

[188]贾俊平. 统计学[M]. 中国人民大学出版社,2008

[189]杰弗里·M·伍德里奇. 计量经济学导论[M]. 中国人民大学出版社,2010

[190]荆新,王化成,刘俊彦. 财务管理学[M]. 中国人民大学出版社,2010

[191]伊迪丝·彭罗斯. 企业成长理论[M]. 上海三联书店,2007

[192]黄丹. 纵向一体化:动因与绩效[M],合肥工业大学出版社,2011

[193]朱宝宪. 公司并购与重组[M]. 清华大学出版社,2006

[194]理查德·施马兰西,罗伯特·D·威利格. 产业组织经济学手册(第一卷)[M]. 经济科学出版社,2009

[195]理查德·施马兰西,罗伯特·D·威利格. 产业组织经济学手册(第二卷)[M]. 经济科学出版社,2009

[196]罗恩·阿什克纳斯等,无边界组织[M]. 机械工业出版社,2005

[197]曹云峰. 资本运营概论[M]. 清华大学出版社,2013

[198]尼尔·保尔森,托·赫尼斯. 组织边界管理[M]. 经济管理出版社,2005

[199]张鹏伟等. stata 统计分析与应用[M]. 电子工业出版社,2011

[200]王天夫,李博柏. stata 实用教程[M]. 中国人民大学出版社,2008

[201]张永生. 厂商规模无关论——理论与经验证据[M]. 北京:中国人民大学出版社,2003

[202]舒马赫.《小的是美好的》,译林出版社,2007

[203]约翰·伊特韦尔、莫里·米尔盖特、彼得·纽曼,新帕尔格雷夫经济学大辞典第二卷:E-J,中译本,经济科学出版社,1996